資本主義崩壊の首謀者たち

広瀬 隆
Hirose Takashi

a pilot of wisdom

目次

第二章　誰がこのような世界を創り出したか

最大の責任者は財務長官ロバート・ルービンとローレンス・サマーズ／シティグループの誕生と現在のアメリカ銀行界／ウォール街から証券会社は消えたのか／断頭台に送られるグリーンスパン／この世には〝国際殺人・泥棒クラブ〟というものがある／オバマ新大統領に何ができるか／シカゴ人脈のミステリー／世界貿易機関（ＷＴＯ）によるグローバリズムの腐敗拡大／国際金融マフィアとは何か／世界は何をなすべきか／ヘッジファンドはすべてを知っている／ジョージ・ソロスの謎だらけの金言

はじめに

一七七六年七月四日にアメリカが独立宣言を発してから、二〇〇九年で二百三十四年目を迎えました。その二〇〇九年一月二十日に、史上初の黒人大統領として、バラク・フセイン・オバマ・ジュニアが第四十四代の新大統領に就任しました。ミドルネームのフセインは、彼の父親が、ケニア出身のイスラム教徒だったからつけられた名前で、イスラム信仰にはあまり熱心でない父親だったようです。大統領本人は、プロテスタントのクリスチャンです。またバラクは、黒人の面だけが強調されてきましたが、母親はヨーロッパ系白人なので、「純粋な混血」です。しかもハワイに生まれ、インドネシアに育った人間ですから、体内にはアジア、アフリカ、ヨーロッパ、アメリカ、イスラム、クリスチャン、黒人、白人、これらあらゆる国際的なカラーを秘めた大統領です。彼の政策については、のちに本文で紹介します。

バラク・オバマ　AP Images

さて、ワシントンでおこなわれた大統領就任式は、黒人大統領の誕生による「平等社会」のスタートを祝う日だったはずですが、その国家は、あまりにも悲惨な経済的地獄にありました。

しかも、「地球上で最も嫌われている国家アメリカ」でした。この表現は偏見ではなく、多くのアメリカ人の思いでした。ライバル共和党の大統領候補ジョン・マケインを圧倒的に打ち破り、全米が大統領選挙のオバマ勝利にわきあがった翌日、二〇〇八年十一月五日に〝ニューヨーク・タイムズ〟のヒトコマ漫画が描いたのは、知性あるアメリカ人自身の魂の中から噴出してくるある種の深い感慨でした。その漫画では、公園のベンチに座って、疲れ切ったヨレヨ

もう一度世界の仲間に戻るんだ。2008年11月5日。
ⓒ (2008) Pat Oliphant. Reprinted by permission of Atlantic Syndication/Universal Press Syndicate.

レの老人「アメリカ」に対して、オバマが元気そうに語りかけていました。

「もう一度、僕と一緒に、世界の仲間に戻るんだよ、いいかい」と。

八年間続いた長いブッシュ政権の悪政に辟易《へきえき》としてきたアメリカ人が、自分の国がほかの国から孤立している日々をどのように感じてきたかを、冷徹な目で描いた、哲学的な作品と言っていいでしょう。それは、ヒット映画『セックス・アンド・ザ・シティ』に登場した一種華麗なアメリカ人の日常世界とはまるで違って、オバマ大統領誕生によって再び生まれた「宝箱の希望」の裏にある、皮肉に満ちた人生観のワンショットです。

そしてそれからほどなく、十一月二十三日には、〝アメリカ歴史博物館が再びオープン〟というヒトコマ漫画が掲載されました。博物館の中央に陳列されているのは、ガラスのショーケースに入った「一九四六年から二〇〇七年までの戦後ブーム」と題した模型です。そこには、四人家族が大きな二階家に住み、犬を飼って、自動車二台を持つ何でもない幸せそうな姿があります。博物館に来たアメリカ人たちがそのショーケースを取り囲み、黙ってじっと食い入るように見つめています。そのうしろにいる子供が、「本当に、こんなことがあったのかい」とつぶやいているのです。

去年までの、その何でもないアメリカ人の生活が、もはや吹き飛んで、博物館に陳列するべき歴史的な遺物になった、というのです。その漫画掲載日は、全米一の商業銀行として君臨してきたシティグループが、週末の金曜日になんと株価三ドル台というただのような値をつけるまでに大暴落し、アメリカ人があしたに喪心して迎えた日曜日でした。株価の果てしない暴落は、アメリカ国民の投資意欲を反映していたのですから、金融の町ウォール街に対する失意こそが世論であったわけです。

アメリカ歴史博物館が再びオープン。2008年11月23日。
ⓒ (2008) Tom Toles. Reprinted by permission of Atlantic Syndication/Universal Press Syndicate.

漫画ではなく、実際のアメリカ歴史博物館（National Museum of American History）は、首府ワシントンの有名なスミソニアン博物館にあり、アメリカ建国以来の誇るべき歴史を展示している場所です。ですから漫画の博物館は、それに代る博物館が「新装オープン」と訳したほうが適切かも知れません。奇しくもそれは一九六四年六月十九日、アメリカ上院が、人種差別に反対する公民権法を圧倒的多数で可決し、七月二日にリンドン・B・ジョンソン大統領が署名して成立した同じ年にオープンした博物館です。黒人牧師マーティン・ルーサー・キング・ジュニアが、黒人に対する人種差別を撤廃させるために立ち上がり、「たとえ今日も明日も、われわれが困難に直面しようとも、私にはまだ夢があります」——"I still have a dream."の言葉で知られる演説は、黒人だけではなく、白人を、そして全世界の心を燃えあがる感動で包みました。公民権法が成立し、アメリカ歴史博物館が開館する前年、一九六三年八月二十八日に二〇万人以上の参加者が集まったワシントン大行進の時に語られた歴史的演説でした。しかもエイブラハム・リンカーン大統領の南北戦争時代、一八六三年一月一日に黒人の奴隷解放宣言が発効してから、ちょうど百年後の出来事でもあったのです。そのキング牧師の遺志を引き継いだバラク・オバマが、瓦礫《がれき》のように崩れたホワイトハウスに入り、いま漫画に描かれたアメリカ歴史博物館の陳列物を取り替えようと、大統領のデスクに就いたばかりでした。

果たして、それができるでしょうか？　これから、アメリカと全世界に何が起こるのでしょうか？

私たちは今、一九八九年十一月九日にベルリンの壁が崩壊し、ソ連で共産主義が崩れ去った時と同じように、歴史的な日に立ち会っているのです。それからちょうど二十年後に、今度は、アメリカで資本主義が大崩壊したからです。

このことを忘れてはいけません。

ベルリンの壁崩壊では、共産主義社会の東側と、資本主義社会の西側を分割していた境界線が取り除かれ、全世界が〝つかのまの平和〟の到来を祝って、ドラマティックな事件に目を奪われ、大々的なテレビ報道が連日のように展開されました。そして地球上におけるアメリカが、政治的にも経済的にも軍事的にも、唯一の超大国として語られるようになり、とてつもなく大きな存在になりました。ところが、今度の資本主義の崩壊では、ひっそりと静まり返って、誰も「資本主義が崩壊した」と認識していないのです。おかしなことがあるものです。

こう言えば、お前の頭がおかしいのだ、アメリカは今まで通り、今日も資本主義を謳歌《おうか》しているではないか、と反論する人がほとんどではないでしょうか。では、二〇〇八年にアメリカ政府が何をしたかを思い起こしてください。莫大な政府資金を金融市場に流しこんで、ガラガラと崩れる銀行や証券会社などの金融機関を救済しようと奔走し、九月七日にはとうとう、経営破綻《はたん》した巨大な住宅金融会社のファニー・メイとフレディー・マックの二社を二〇〇〇億ドルで国有化したではありませんか。為替レートが日々かなり変化する時代ですので、本書では、その時々のレートにまどわされず、すべて分りやすい一ドル＝一〇〇円の換算で示すことにしますが、二〇〇〇億ドルとは、二〇兆円、日本でしたら新幹線を十本も二十本も建設できる金額です。ところがそれから一週間後の九月十五日には、その効果もなく、大手証券会社のリーマン・ブラザーズが破綻してしまい、全米にすさまじい勢いで金融パニックが広がりました。そして翌十六日には、同じく経営破綻の崖《がけ》っぷちまできていた世界最大の保険会社アメリカン・インターナショナル・グループ（ＡＩＧ）にも八兆五〇〇〇億円の大金をつぎこんで、これを国有化したのです。ＡＩＧは日本の保険会社アリコジャパンの親会社です（二〇〇九年三月には、これが二倍を超える一八兆円に達し、アリコが中央銀行に譲渡される）。

　勘違いしてはいけませんが、このような国有化がおこなわれたのは、カリブ海の社会主義国家キューバではありません。一九五九年のキューバ革命で、カストロたちによっておこなわれた国営化が、あるいは一九一七年のロシア革命でレーニンたちによっておこなわれた国営化が、こともあろうに、食うか食われるかの資本の自由競争を謳歌してきたアメリカでおこなわれたのです。

さらに十一月二十三日には、株価がほとんどゼロまで暴落して、完全に経営破綻した全米一の商業銀行シティグループに対して、そのマンモス銀行の崩壊に震えあがったアメリカ政府が三〇兆円の保証をする前例のない救済策を打ち出し、ここでシティグループが政府に二兆円もの優先株を購入させることになりました。先ほど示した、アメリカ歴史博物館の漫画が〝ニューヨーク・タイムズ〟に掲載された日の出来事です。優先株とは、一定の配当率が保証されて、優先的に配当される株式のことですから、ほかの株主の利益を食い荒らして、まず政府に利益を配当することになるわけです。こうしてシティグループは、世の中の人が思い違いしているように「救済された」のではなく、事実上、政府保護を受けて国営化されたわけです。

いいえ、シティグループだけではありません。証券投資会社として君臨してきた第一位のゴールドマン・サックスも、第二位のモルガン・スタンレーも、九月二十一日に銀行持ち株会社に移行すると発表して、アメリカの中央銀行である連邦準備制度理事会（ＦＲ

B＝Board of Governors of the Federal Reserve System）の規制監督下に入る道を選びました。そのほか、ありとあらゆる銀行などの金融機関が、政府からお金を貰うという保護を受けなければ生きてゆけない企業に豹変《ひょうへん》したのです。巨大銀行がその大金を狙《ねら》う図々しい様子が、アメリカン・フットボールになぞらえて、ヒトコマ漫画に描かれました。政府の救済計画発表と同時に、一番乗りのタックルで大金をかっさらおうと待ちかまえる銀行家たちのあさましさが、表情によく出ています。

つまりどこから見ても、これは、資本主義のルールではありません。これら一連の「救済策」なるものは、まぎれもなく社会主義国家や共産主義国家のルールです。

アメリカが誇ってきた資本主義の歴史は、トマス・ジェファーソンたちが起草した独立宣言によって建国して以来二百三十余年、西暦二〇〇八年をもって幕を閉じたことになります。まず、この重大な史実を私たちが認めるところから、話を始めなければなりません。したがって本書で言う「アメリカ資本主義の大崩壊」は、アメリカに批判的なさまざまな本が指摘している「金融メカニズムの崩壊」という表現とは、まったくニュアンスが違います。誰が見ても、公正かつ厳密な定義による「資本主義制度の崩壊」を意味します。

巨大銀行のアメリカン・フットボール。2008年11月14日。

地球上で唯一の超大国であったはずのアメリカ合衆国の制度が、なぜこのように、不甲斐なくも白旗をあげる連戦連敗の窮地に陥ったのでしょうか。二〇〇八年十一月十五日に、この地球規模に広がった経済危機に対処するという名目で、EU代表を加えた世界の経済トップ一九ヶ国がワシントンに集まって「金融サミット（G20）」が開かれ、この時には〝史上最低の大統領〟と呼ばれるジョージ・W・ブッシュが、自由主義による経済発展の栄華を誇らしげに強調してみせました。この期に及んでも、「これからもアメリカは世界の資本主義のリーダーである」と印象づけようと必死の猿芝居を演じたのですが、政府が民間企業を国営化して助けているという歴史的事実の前には、誰の目にも自作自演の狂言としか見えなかったため、日本の総理大臣・麻生太郎の腰巾着《こしぎんちゃく》外交を除いて、ほとんど相手にされませんでした。

これに対して、新大統領オバマの政策は、大統領選挙の中で「あいつは社会主義だ」と共和党から攻撃されるほど、国民生活主体の経済社会をつくろうと訴えた内容ですから、国民がある種の社会主義的な生き方を選択したと考えてもよいでしょう。確かに、アメリカ歴史博物館を新装オープンして、それまでの生活が陳列されるべき出来事が起こったのです。

そして、わが国におけるエコノミストや経済関係者のほとんどの言葉は、アメリカ本国で「メルトダウン」と呼ばれているこの異常なパニック状態を説明するのに、ウォール街の資本主義があたかもまだ生きているかのように、見当違いの解説となっています。

そこで本書は、読者の誰もが知っているかのように思いながら、実はあまりその真相が知られていないこれら一連の出来事を、誰にも理解していただけるように、図解を柱として、新鮮なスポットライトを当てて説明し、重要な歴史のドキュメントを残すために書かれました。

ただし、ここで言う「真相」は、「何か特別な、世間に知られていない事実」ではないのです。みなが、新聞やテレビに出てくるエコノミストや評論家のなまぬるい解説で分ったように思いこんでいることが、実は、間違いだらけの解説、あるいは手抜き解説、もっと強い言い方をすれば「政治家や金持の太鼓持ち」である解説者のために誤解していることであり、大衆の正しい視線で見れば、正反対の意味を持っている、ということにほかなりません。

このストーリーでは、そこに、〝ニューヨーク・タイムズ〟のヒトコマ漫画を、話の折々にはさんでゆきます。なぜなら、これらのヒトコマ漫画は、私自身が遠くから見てきたアメリカについて、私がニュースを読んで感じたその時の憤りや現状分析を、まさに驚くほど、アメリカ人自身が見事に描き出して、いかなるエコノミストや評論家の百万言より的確に問題の核心をついて、時代を活写していたからです。すでに三点の作を見ていただいた通り、よほどの見識がなければ、これだけの描写はできないと感じさせる傑作ぞろいです。私がいくら説明しても読者に信じてもらえないことでも、これらはアメリカ人のなかでも歴史に深く通じ、格別高い知性とユーモアに恵まれた漫画家自身が感じてきた、鮮やかな日々現実の感懐ですから、これ以上、説得力ある描写はないでしょう。また時には、これらのヒトコマ漫画が、私の考えの意表をついて、まったく逆のアメリカの世論を、パッと眼前に示してくれることもしばしばあり、初めて実情を知ることもできました。

たとえば、赤字に追いつめられて破綻寸前のゼネラル・モーターズ、フォード、クライスラーのアメリカ自動車業界ビッグスリーが、ワシントンの議会で救済資金をねだったのは、すでにオバマが大統領選挙に勝利したあとでした。彼はデトロイト自動車業界の救済を選挙公約に掲げて、しかも圧勝したのですから、論理的には、アメリカ世論の大勢も自動車業界に好意的であるはずでした。普通に考えれば、まさかアメリカ政府や議会がビッグスリーがバタバタと倒産するのを手をこまねいて見ているはずはない、どうせ救済資金を与えて騒動に幕をおろすだろうと見るところです。

ところが、その時、のちに本文で示しますが、〝ニューヨーク・タイムズ〟では、「経営者も労働組合も愚かな行動で連帯」という漫画がドカーンと描かれました。そのような見識が大新聞に示されるということは、全米のきびしい批判的な目が、労働者も含めたデトロイト全体に向けられていることを強力に証拠だてています。これは、ひょっとすると、世界最大の自動車会社ゼネラル・モーターズがこのまま倒産して、その影響が波状的に広がり、数百万人の失業者が生み出される可能性があるとさえ、想像させたのです。

では世界中で、一体、何が起こったか、それを見てゆきましょう。高みの見物をしているはずの私たち自身が、いつのまにか、このストーリーに呑《の》みこまれてゆくのは、おそろしい話ですが。

第一章　自作自演の仮面舞踏会に酔った金融大国

リーマン・ブラザーズ倒産――ことの本質

二〇〇八年九月十五日、週明けの月曜日にリーマン・ブラザーズが七〇〇〇億ドル（七〇兆円）を超えるデリバティブ（金融派生商品）の取引残高を抱えたまま、六一三〇億ドル（六一兆円）の負債総額で、連邦破産法に基づく会社更生手続きの適用を申請して経営破綻しました。

実際の巨大な損失額は、今なお不明で、リーマン・ブラザーズが広範な顧客に売りさばいてきた商業手形の影響がどこまで広がるか予想できないということがポイントです。

そして証券会社わずか一社の破産で、「一九二九年の大恐慌以来の金融危機、一九七三年の石油ショック以来の経済不況に同時に襲われた地球」と言われてきましたが……

現在あるのは、国際的金融危機ではありません。国際的金融腐敗です。この点を、しっかり覚えておいてください。それに異議を唱える読者もいるに違いありませんが、この腐敗は、金銭的な腐敗だけではなく、同時に精神的な腐敗でもあり、本書の最も大きな主題ですから、のちにくわしく具体的に実例を示して説明します。そして日本のニュースで

「金融危機」という言葉が使われていたら、「それは違う。金融腐敗だ」と置き換えて、言葉を正しながら解釈してください。そうすれば、ニュースの意味がまったく違って見えるはずです。そしてニュースが肝心のことを伝えていないことにも、すぐに気づきます。私たちは、絶えず、メディアの慣用語・常套句《じょうとうく》に対して懐疑的でなければいけません。

さてこうして、アメリカ大統領選挙が最終盤にさしかかった時、リーマン・ブラザーズの倒産で、全米が金融恐慌に巻きこまれてゆきました。恐慌とは、文字通り、おそれあわてる心理状態のことですが、英語では、過去にあった一九三〇年代の世界大恐慌をGreat Depressionと言います。この英語では、ただの大不況としか感じられないので、日本語のほうが的確に人間の恐怖心を表わしています。つまり何かが起こった時、その先を悪く想像して、その心理が次々と人間から人間へと波のように伝わり、ますます事態が悪くなってゆくのが恐慌です。経済界は、これを信用不安といった言葉で呼びます。それがウォール街に起こったことでした。

なぜ彼らが先を悪く想像したかといえば、自分たちがここ何年も続けてきた投機事業に、ひどくうしろめたい心当たりがあったからです。他人からの借金を元手にして、莫大な金もうけをしてきた人間たちですから、私たちのような普通の庶民よりはるかに敏感に、これからどのような借金取りの追跡——映画のような「チェースゲーム」が銀行のあいだで展開されるかを予感したのです。最初のささいな恐怖が頭をよぎると、次の恐怖が呼びさまされ、次第に大きな恐怖にふくれあがってゆく、それが恐慌です。しかもこのチェースゲームでは、帳簿から帳簿へと、実際に借金が彼らのあとを追いかけて、続々と連鎖的な破綻が起こり始めたのです。

大統領選挙で、民主党のオバマと競り合い、ほぼ互角に戦っていた共和党のマケインは、金融恐慌が全米に波状的に広がるなかで、身震いしました。

「この金融界の崩壊は、ブッシュ政権がやってきた富裕層を優遇する政策が間違っていたからだ。共和党が政権を握ったから、こんなひどいことになったのだ」という圧倒的な世論のハリケーンにさらされて、翌月までには、ほとんどオバマに勝てないほどの大打撃を受けました。

十月十日には、「つぶすには、銀行が大きすぎる。手を打つには、俺は小さすぎる——大統領候補マケイン」というヒトコマ漫画が出ました。この漫画キャプションは、アメリ

つぶすには大きすぎる。2008年10月10日。

カ大手の金融機関や保険会社が次々と政府から大金の支援を受けて、その時に口実としてたびたび使われた有名な文句“Too Big to Fail”（大きすぎてつぶせない）、つまりつぶせばその影響が甚大なものになるから、国民のために仕方がない措置である、をもじったものです。日本のバブル崩壊後も、経済評論家たちが同じようなことを言って国民を恫喝《どうかつ》し、日本政府がこれと似たような処置をとり、莫大な金額の税金が、不動産バブルに熱中した無責任な大手銀行に投入されました。

しかし、大事なところを脚色した話を、何の疑問も持たずに信じてはいけません。事業に失敗したら倒産するのが、公正な資本主義のルールです。「大きすぎてつぶせない」という文句が通るなら、大会社や大銀行の経営者は、どのような放漫経営をしてもよい道理になります。考えてもみてください。日本のトヨタは、絶対に倒産しないことを日本政府から保証された会社なのですか。そんな馬鹿げた企業ルールが、日本にあるはずはありません。とんでもないことです。ダーウィンの進化論を引いて「弱肉強食で生きるのが人間という生物の宿命であり、自由主義の道である」と説いてきた人間たちにしては、突然、自分に都合のいい、おかしなことを言うではないですか。このように資本主義のルールを踏みにじる不公平な利権の分配が、民主主義の議会を持つ国家において、国民の目の前で公然とおこなわれるというのは、三百代言《さんびゃくだいげん》の言い逃れではないですか。子供だったら、「ずーるいな、ずーるいな」とはやしたてられます。こうしてベトナム戦争の英雄として、イラクへの軍隊増派を主張してきた男も、たちまち漫画のように影の小さな存在となって、消えていったのです。

それでも国民の腹立ちはおさまりません。アメリカ人は、自分の非はベッドの下に隠して、論理的に筋が通らないことに対しては、徹底的に相手をやりこめる習慣を子供のころから身につけ、楽しむ性格を秘めています。日本人のように、居酒屋でグチをこぼしてうさを晴らし、翌日には再び気を取り直して黙々と自分の作業に精を出すような性格ではありません。

政府の銀行救済資金とは、もとをただせば国民の税金ではないですか。しかも支援される金融機関の連中は、たとえばゴールドマン・サックスの社員の平均年収が六〇〇〇万円と報道されました。日本の高額退職金に相当しますが、五年で三億円にもなります。入社五年目の若僧が、時には年収一億円を懐に入れる、べらぼうな世界がウォール街だったのです。これまでのアメリカ人は、そのような高収入で豪邸を買いこみ、男遊び、女遊びにほうけて贅沢《ぜいたく》できる身分を夢見ることがアメリカン・ドリームであり、資本主義社会のルールだと受け入れてきましたから、金持も貧乏人も、一応、共に同じ国で生活してきました。けれど、公共の金である税金が一方的にそこに回るとなれば、話は違います。

「なぜそんな強欲な連中に、俺たちの税金をくれてまで、助けなきゃならないんだ！」

怒りの炎が町中にほとばしると共に、オバマのひと言「チェンジ！」がますます、燎《りょう》原《げん》の火の如く、全米にめらめらと燃え広がりました。彼は苦労を重ねてきた人間なので、日本の政治屋が腹の中でベロベロと二枚舌を出しながら、うす汚れた手で「改革」と唱えるのとは違って、真剣にアメリカを変えようとしていたからです。

この時のアメリカ合衆国は、ちょうど南北戦争のように、二つに引き裂かれていました。アメリカ合衆国を英語でＵＳＡと呼ぶのは、United States of America だからですが、この時は、Disunited States of America——つまりどうにも統合できないアメリカ分裂国だったのです。何によって引き裂かれていたかと言えば、貧富の差でした。これは、日本でも全世界でも同じメカニズムがありますので、なぜ貧富の差が生まれるかという原理と共に、この章の最後にくわしく数字で示します。

では、ニューヨーク証券取引所の株価は、この頃、どのような状態にあったのでしょうか。クリントン政権最後の年、二〇〇〇年から二〇〇八年末までの変化を、ダウ工業株三〇種平均株価のグラフで見てみましょう。これを冷静に観察すると、いくつか大変に興味深い、重大な事実に誰でも気づきます。

2000〜2008年　アメリカの株価

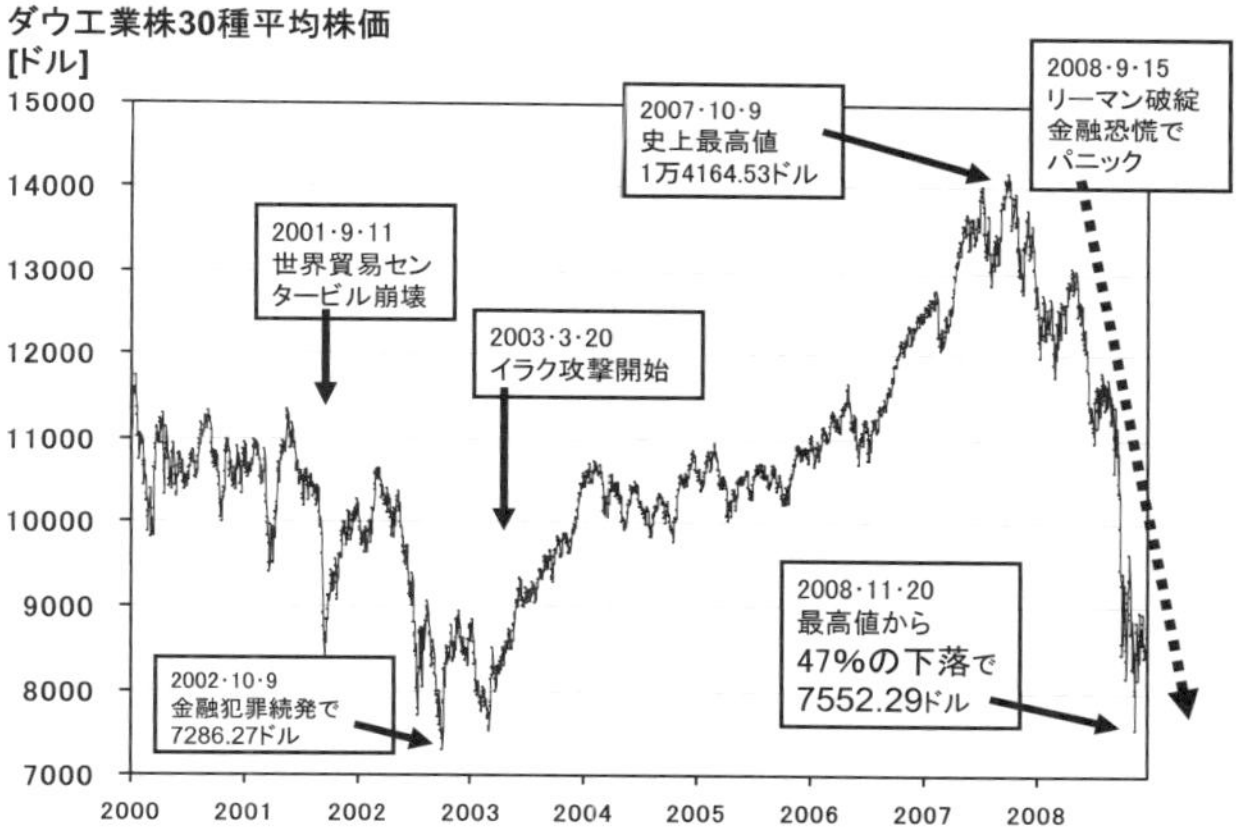

二〇〇一年一月に、ジョージ・W・ブッシュがホワイトハウスに入ってから、株価の大暴落が三度起こりました。一度は言うまでもなく、その年九月十一日に、世界の金融センターであるニューヨークの世界貿易センタービルと、世界の軍事力の総本山である国防総省のペンタゴンビルに次々と航空機が突っこんで、世界が震撼《しんかん》した事件でした。しばらくウォール街では取引きが中止され、米軍によるアフガン攻撃が始まり、世界中に軍事ファシズムが広がりました。しかし本書の主題にとってさらに重大なことが翌二〇〇二年に起こり、株価が大暴落しました。

アメリカの大手会計事務所が、軒並み会計不正にのめりこんでいたため、果てしなく続く企業会計の水増し利益など、次から次へとスキャンダルが暴かれたのです。白昼大手を振って、このような大嘘《おおうそ》が横行して株価を上げ、格付け会社がそれを後押しして、経営者のボーナスが天井知らずで伸びていたことが明らかになったのです。これが、誰の目にも分るウォール街金融腐敗のピークでした。その二〇〇二年十月につけた底値七二八六・二七ドルは、六年後のリーマン・ショック後にも、破られなかったのです。

その頃の〝ニューヨーク・タイムズ〟は、アメリカ経済をタイタニック号にたとえて、ブッシュ船長のもとで完全に沈没する姿を描きました。

つまり、二〇〇八年に起こった金融崩壊は、その二度目のくり返しにすぎない事件なのです。言い換えれば、ウォール街には、まったく反省がないのです。ということは、これから何年後かに、二十一世紀に入って三度目の金融腐敗が表に出ることが確実だと断言できるわけです。

なぜなら、二〇〇二年に金融犯罪で当局に摘発された大銀行の名前は、六年後の二〇〇八年に金融崩壊で当局に助けを求めた大銀行の名前と、みな同じだからです。この事実経

沈没するアメリカ経済。2002年12月9日。
ⓒ (2002) Ben Sargent. Reprinted by permission of Atlantic Syndication/Universal Press Syndicate.

過は、私が二〇〇二年六月に初版を出した『世界石油戦争』と、続いてその年十一月に初版を出した『世界金融戦争』の二冊（いずれもNHK出版）に、不正をおこなった人脈と共にくわしく記述してあります。二〇〇八年に入って原油価格が暴騰し、サブプライム・ローン崩壊が頻繁に報じられるようになったため、NHK出版が、その二冊を今こそ読んでもらうべきだとして、準文庫形式の普及版を二〇〇八年九月二十日に出した時には、リーマン・ブラザーズの破綻で、すでに世界中がうろたえていました。

私には、なぜうろたえるのか、その理由が分りません。腐った人間を、アメリカ政府が放置するのですから、これから何度でも金融犯罪がくり返されるのは道理です。

それを証拠づけるのが、さきほどの株価グラフ（三一頁）です。グラフなど、くそ面白くもないと思わずに、知恵ある目で、もう一度よく見て下さい。二〇〇三年三月二十日に、米軍の理不尽なイラク攻撃が始まって、それ以来、数十万のイラク人の生命がこの世から消されるにつれて、ニューヨークの株価がぐんぐん上がり続け、とうとう二〇〇七年十月九日には史上最高値の一万四一六四・五三ドルまで達しました。猛スピードで昇っていったジェットコースターが、二〇〇二年の底値の二倍まで上がりました。遊園地では、さぞ、いい眺めだったでしょう。

ところが、二〇〇七年夏からアメリカの住宅価格が落ち始めると、低所得者向けのサブプライム・ローンの借金経済がぐるぐると逆回転を始めました。ここから値崩れを始めたウォール街が、一年後の二〇〇八年十一月二十日には、その四七%を失って、再び半分近くの七五五二・二九ドルまで落ちました。特に大暴落した十月二十七日の翌日には、〝ニューヨーク・タイムズ〟のヒトコマ漫画が「いつまでも底なしの株価」を、かなりの快感

いつまでも底なしの株価。2008年10月28日。

をこめて描きました。その日は、日本でも東京証券取引所の日経平均株価が、バブル崩壊後の最安値七一六二・九〇円をつけて、日本中にショックが走った日なので、覚えている人も多いでしょう。

ジェットコースターが下りに入って、その勢いがあまりにすさまじいので、すでにレールからはずれて外に飛び出してしまった。それなのに、ウォール街ではまだ投資をする人間がいると、十一月の漫画は描いています。グラフで私たちが注目しなければならないの

株価崩壊でも投資に夢中になる男たち。2008年11月28日。
Jeff Danziger, NYTSyndicate, New York

は、そのことなのです。この漫画家は、よくそれに気づきました。

「リーマン・ショックだ」「一九三〇年の大恐慌以来の恐慌だ」「ウォール街の投資家は誰もが大損害を受けている」と報道される中で、「おやっ」と思わせる出来事が起こっていたのです。これは、グラフにはっきり出ていますが、リーマン破綻以後、何度か九三〇〇ドル、あるいは九六〇〇ドルというところまで株価が大幅に回復を見せる日があることです。ここに、私たちの発見するべき最も大きな秘密が隠されています。

この株価大暴落の中で、一体、誰が、

株を買う金を持っているのか、という謎《なぞ》です。

ここで、当り前の原理に、気づかなければなりません。

株価が暴落したのは、誰かが株を売ったから値段が落ちたのです。だから、初めに売った人間の懐には、莫大な金が入ったわけです。そうした人間が、まだ、ウォール街にはゴロゴロしているに違いありません。一体、それは誰なのだろう。

投資家の全員《いい》が莫大な金融損害を受けたなら、株価が再び上がることはあり得ません。ウォール街では紙幣に羽がはえて八〇〇兆円が消えたというが、本当に消えたのでしょうか。消えていません。果たして、八〇〇兆円という天文学的な大金は、どこにあるのでしょうか。

このミステリーを解くのが、この本のもうひとつの大きな目的です。

では、その謎を追跡するために、過去に起こった史実を調べてみましょう。

過去の歴史から何を学ぶか——世界大恐慌

リーマン・ショックのあと、世界中の経済関係者が、一九三〇年代の大恐慌を引き合いに出して、それ以来の出来事だと言いました。実は、先に紹介した私の『世界金融戦争』では、すでに二〇〇二年までの株価上昇と暴落が、一九三〇年前後とそっくりなので、当時と現代の株価グラフを対比して示したのです。ここで、大恐慌を簡単に説明しておきます。

一九二九年十月二十四日は、「暗黒の木曜日」と呼ばれるウォール街の暴落が起こった日です。さきほどの底なし株価を描いた漫画(三五頁)で、「一、一九二九年にはビルから飛び降りたんだぞ」と言って二人でながめているのが、その出来事です。

それは現代の私たちが想像もできないほどの、歴史的な重大事件で、「暗黒の木曜日」に関しては、膨大な数の書物が出版されてきました。特に一九七九年に出版された『アメリカの死んだ日』(ゴードン・トマス、マックス・モーガン＝ウィッツ共著)という本は、その事件の経過を生々しく記録したドキュメントで、私が一九八〇年代にアメリカの巨大財閥のモルガン商会やロックフェラー家をくわしく調べ始める大きな動機になった書籍です。

確かに、調べてみると、きわめて興味深い事件であるばかりでなく、二十一世紀のたった今、世界中がこの事件から教訓を学ばないために、二〇〇二年と二〇〇八年の金融腐敗が

大恐慌でホームレスとなった退役軍人の夫婦。AP Images

起こっていることを、これから実証してゆきます。

ウォール街の株価暴落に端《たん》を発した一九三〇年代の大恐慌では、失業率が二五%に達して、四人に一人は職がない状態になり、下層の労働者たちは今日の食事にも事欠くありさまで、政府が配ってくれる食事に長い行列ができました。有名なエピソードは、ケネディー大統領の父であるジョゼフ・ケネディーが投機屋としてウォール街に羽振りをきかせていた時代、ある日、靴磨きに靴を磨かせると、その子供が株に手を出していることを知って、ここまで大衆が手を出しているなら暴落が近いと予感し、株を売り逃げて莫大な資産を築いたことです。おかげで彼は、四〇〇万ドルの資産を、五年で五〇倍近い一億八〇〇〇万ドルに増やしたのですから、売り逃げという行為が、どれほど巨万の富を生み出すか分ります。

この恐慌時代にかわいそうだったのは、世界中の貧しい家の子供たちでした。その時代の民衆を描いたジョン・スタインベックの小説をジョン・フォード監督が映画化した『怒りの葡萄《ぶどう》』は、ヘンリー・フォンダが主演して、永遠の名作として今でも私たちを深く考えさせます。オクラホマの貧しい農民たちが仕事を求めてカリフォルニアに移住して、苦難の中で貧しい労働者が立ちあがり、結束を訴える姿が、世界中の人々を感動させました。当時のアメリカには、このような映画をつくる反骨の精神があったことに、若い人は驚くでしょう。いまの日本で広く読まれている小林多喜二の『蟹工船《かにこうせん》』の書かれたのが、まさにこの一九二九年で、きわめてよく似た時代状況にあると言えます。ここで、当時の株価グラフを見てみます。

当時の株価の落ち方を見ると、驚くことがあります。一九二九年九月三日に、当時のピーク値三八一・一七ドルだったのが、暗黒の木曜日を経て、三年後の一九三二年七月八日

1929年10月24日　暗黒の木曜日

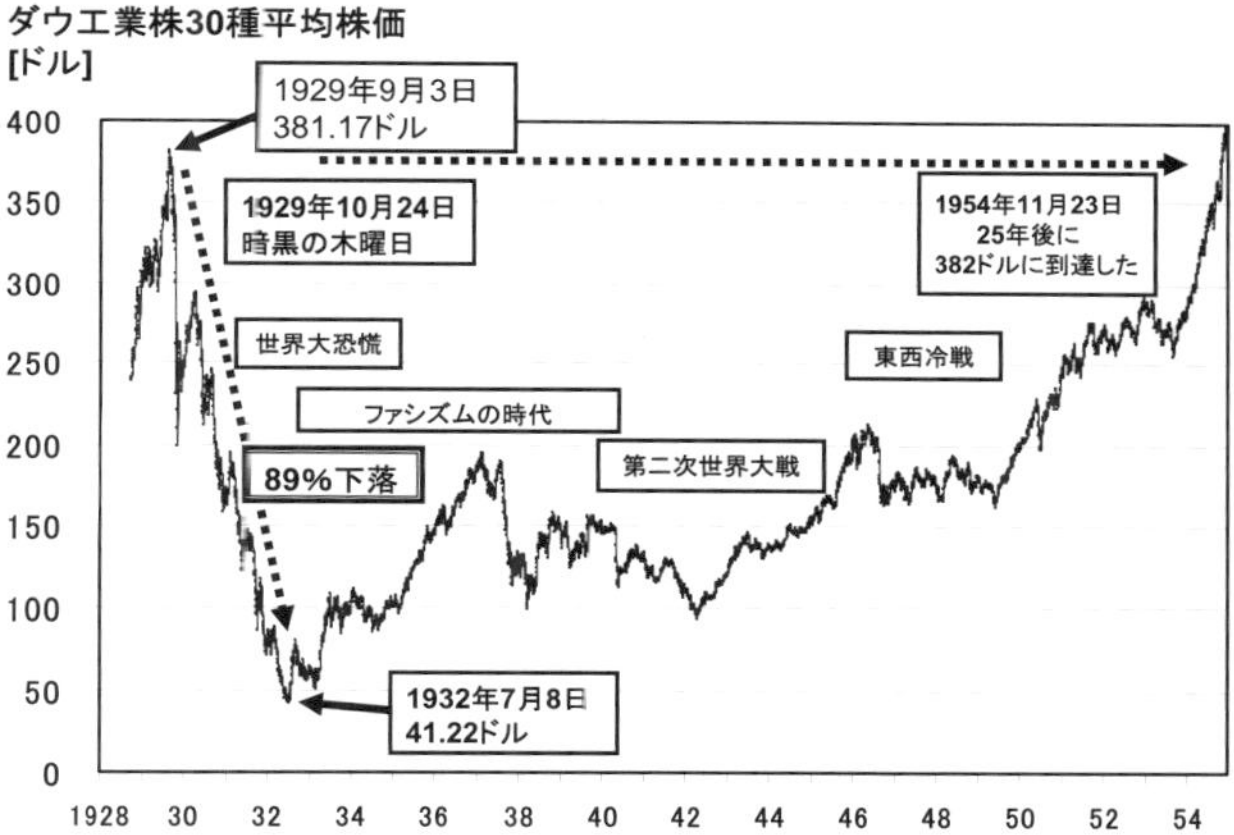

には四一・二二ドルへと、八九％下落し、株の資産の九割が吹き飛んだのです。いま世界中の経済関係者が本心からおそれているのは、大恐慌時代のように長期的に不況が続いて、どんどん悪化してゆくのではないかということなのです。

では、そのピーク値をいつ回復できたかといえば、このグラフの通りです。恐慌は世界的なものとなり、一九三〇年代から、その反動として、資本家に対する大衆の怒りを巧みに煽動《せんどう》したファシズムが台頭して、イタリアのムッソリーニ、ドイツのヒットラーの出現を迎え、日本でも三井財閥・三菱財閥に対する国民の怒りを軍人が誘導して、ついには日中戦争、第二次世界大戦へと、地球が雪崩《なだれ》のように戦争にのめりこんでゆきました。

大戦中のアメリカは、すでに図抜けた世界一の工業国となって、軍需景気にわき返っていましたが、グラフを見ると、不思議なことに、その戦争景気にわくアメリカの株価が、一九二九年の暗黒の木曜日前のピークより、まだずっと低いところにあります。戦争がようやく終って、今度は、ソ連とアメリカが対立する東西冷戦の時代に突入し、戦争で疲れ切ったヨーロッパの国々を救うためにアメリカが莫大な資金を送りこむマーシャル・プランを始動させますが、それほど富んだアメリカでも、まだ一九二九年の株価を回復できません。なんと、一九五〇年から始まった朝鮮戦争が一九五三年に休戦して、その翌年の一九五四年十一月二十三日にようやく三八二ドルに到達しました。

バブル経済の崩壊を回復するのに、実に二十五年、四半世紀を要したのです。

この四半世紀ほど、人類が悲惨な時代を味わったことは、後にも先にもありません。しかもその間に、すでに二代目の時代に入ったロックフェラー、モルガンの二大財閥が、全米の企業を傘下におさめる凄絶《せいぜつ》とも言える独占を強めました。思えば、ファシズムと第二次世界大戦を招き、マンモス財閥の独占を全世界に広げ、ついには原子爆弾と水素爆弾という悪魔の兵器を生み出したのが、暗黒の木曜日であったわけです。

今が、もし本当にその大恐慌以来の恐慌であるなら、万が一にもファシズムの台頭と、戦争による経済復興への道を歩まないよう、私たちは心しなければならないのです。現在は、各国の政府が、金融界を包んでいる蜃気楼《しんきろう》の発生源を取り除かずに、ただの大金投入という対症療法で景気を回復しようとしているので、大変に危ない状況にあります。

では、今回のバブルは、どのようなことから口火が切られ、最後にはじけるほどふくれあがったか、誰でも知っていることから、説明しましょう。

原油価格と穀物価格はなぜ高騰したか

二〇〇七年末から二〇〇八年半ばにかけて、世界中の人たちを大いに怒らせることが進行しました。原油価格と穀物価格の暴騰です。

日本では、まずガソリン価格が上昇し、さらに穀物価格の上昇のため、食品が次々と値上げされました。特に追いつめられたのは、石油燃料によって生きているトラック運転手

原油価格（ニューヨーク先物市場）

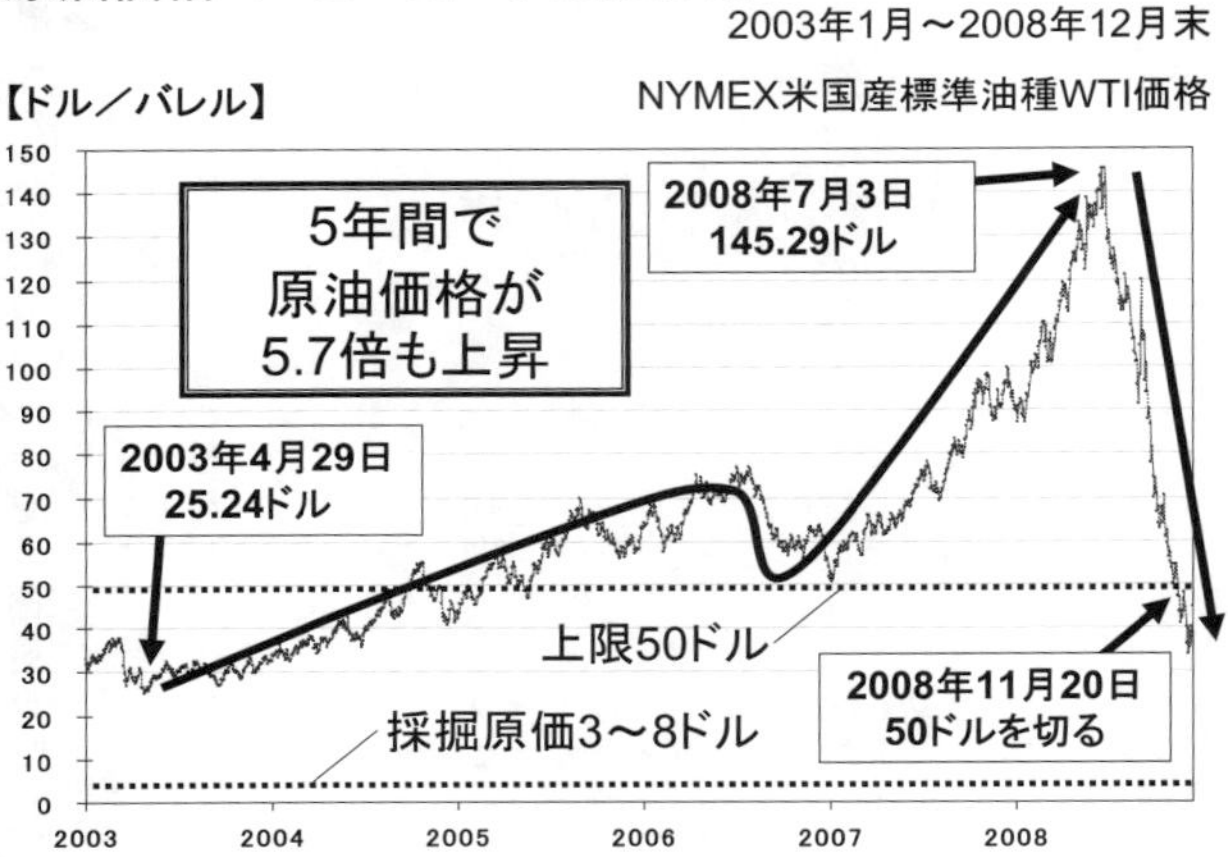
2003年1月～2008年12月末
NYMEX米国産標準油種WTI価格
【ドル／バレル】
150
140
130
120
110
100
90
80
70
60
50
40
30
20
10
0
2003
2004
2005
2006
2007
2008
5年間で
原油価格が
5.7倍も上昇
2008年7月3日
145.29ドル
2003年4月29日
25.24ドル
上限50ドル
採掘原価3～8ドル
2008年11月20日
50ドルを切る

金価格（ニューヨーク先物市場）

2003年1月～2008年12月末
COMEX価格
【ドル／オンス】
1100
1000
900
800
700
600
500
400
300
2003
2004
2005
2006
2007
2008
2008年3月18日
史上最高値1004.3ドル
相場の不安指数
が高まり
1000ドルを突破

と、漁船で操業しなければならない漁業者たちで、重油燃料暴騰により日本の漁業は存亡の危機に立たされ、二〇〇八年七月十五日には全国一斉休漁に踏み切る事態にまでなりました。しかし日本政府は、この人たちの救済をまるでしない無策の状態でした。

原油価格は、なぜ高騰したのでしょうか。

ここに示したのは、ニューヨーク先物市場における原油価格と金価格の五年間のグラフですが、これらが取引きされている市場の秘密については、あとでそのメカニズムを説明します。二〇〇三年四月二十九日には、原油が一バレルほんの二五・二四ドルでしたが、五年後の二〇〇八年七月三日には、一四五・二九ドルのピークへと、一挙に五・七倍に上昇しました。

一バレルとは、一五九リットル入りの樽《たる》なので、これを日本人に分りやすい一・八リットル入り一升瓶で説明しますと、一升瓶八八本の量になります。二〇〇三年には、一升瓶に満たした油が一本三〇円もしなかったわけです。原油価格がどんどん上がり始めると、「中国のオリンピック需要のせいだ」とか、「産油国の中東が不安定だからだ」とか、いい加減なことをニュースやエコノミストが解説してきましたが、五年で全世界の需要が五・

七倍に増えるなんてあり得ないことです。普通に考えれば分ることですが、中東での原油採掘原価は、一バレルが高くても八ドル、地域によっては三ドルという、ただみたいな値段だからです。言い換えれば、採掘会社は五円玉か十円玉たった一個で、一升瓶の原油を手に入れることができるのに、ついには同じ一升瓶が一六五円になったわけです。

つまり二〇〇三年のイラク攻撃開始の年から、評論家たちが口をそろえて大きな嘘をつき、原油価格の上昇を煽《あお》っていることは、明らかでした。私の見るところでは、需要と供給の関係から、どれほど中国とインドの経済成長が猛烈だとしても、一バレル五〇ドルが上限だというのに、年々この常識が打ち破られてゆくのです。つまり価格操作がおこなわれていたわけです。

おかげで、二〇〇七年に世界で大富豪が最も多い都市は、ニューヨークではなく、原油でもうけるモスクワだと、アメリカの経済誌〝フォーブス〟が報じました。それによると、世界の大富豪のうち、七四人がモスクワを本拠地にした人間で、その平均資産が五九億ドル（五九〇〇億円）という目玉の飛び出るような金額です。なかでもその第一位のオレグ・デリパスカは、四十歳で二八〇億ドル、ほぼ三兆円の資産家となり、マイクロソフトのビル・ゲイツの半分近い財を築きました。彼は原油富豪ではありませんが、なんとあの飲んだくれのボリス・エリツィン大統領の孫娘と結婚した男です。中東イスラム諸国と、石油メジャーにも、莫大なオイルマネーが流れこみ、ＮＨＫは「ドバイの繁栄」を特集番組で報道しました。

原油価格の本格的な天井知らずの上昇が始まったのは二〇〇七年後半からです。誰もが知っているように、これはサブプライム・ローンでニューヨークの株価が暴落し始めたため、株式市場から投機マネーが逃げ出し、原油先物市場に流れこんだからです。そのころ全世界の株式市場は七二〇〇兆円で、そのうち三分の一をアメリカが占めると言われていましたが、この受け皿となった原油先物市場の規模は、わずか一〇〜一五兆円の市場でした。七二〇〇兆円のわずか一・五%が原油市場に流れこんでも一〇〇兆円を超えます。

そうなれば、今度は原油先物市場があふれて、その資金が穀物市場に流れこみます。すると、穀物価格の高騰を招くわけです。

しかしニュース解説によれば、誰もが言いました。「中国の人口増加と猛烈な経済成長

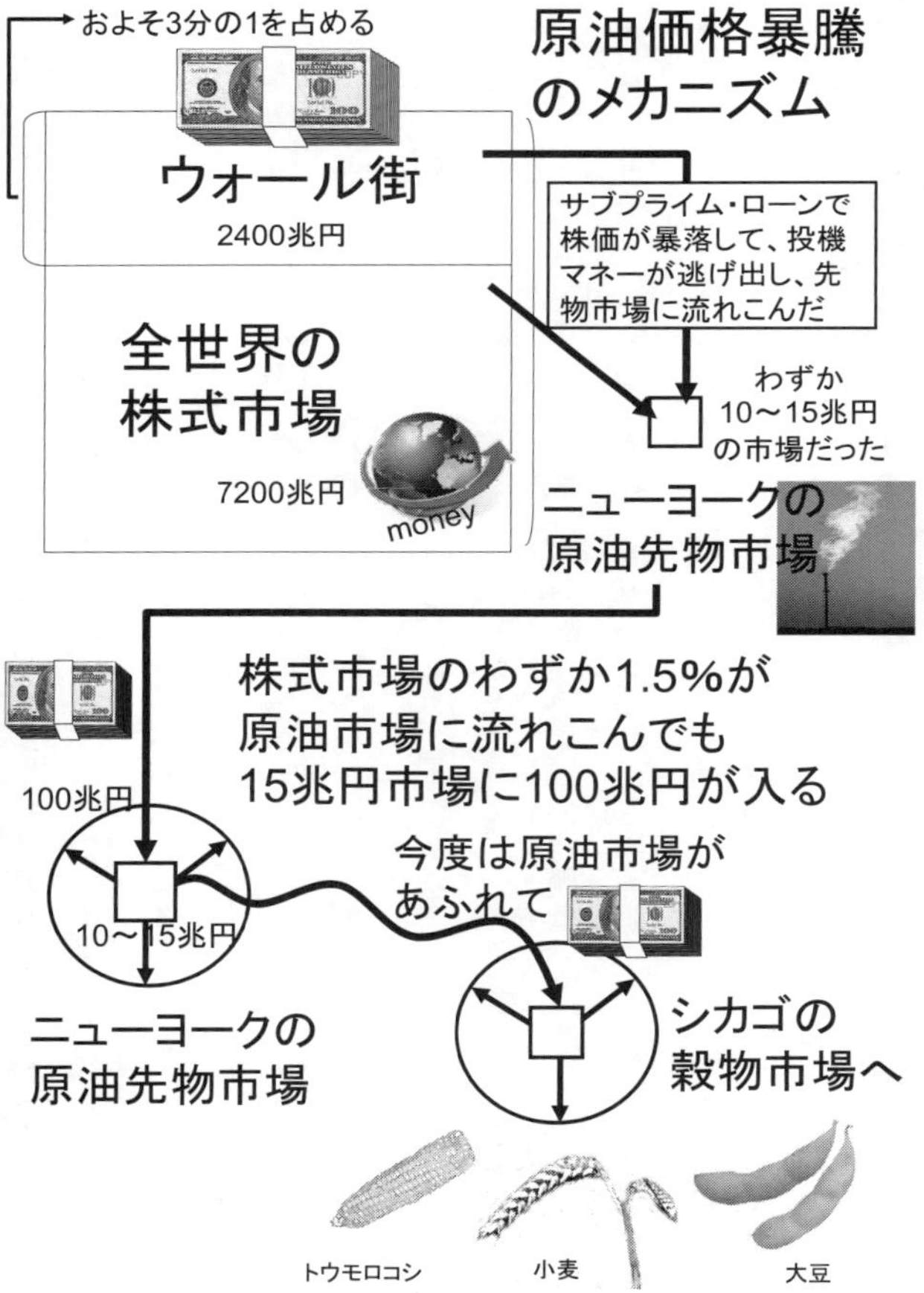

原油価格暴騰
のメカニズム
およそ3分の1を占める
ウォール街
2400兆円
全世界の
株式市場
7200兆円
money
サブプライム・ローンで
株価が暴落して、投機
マネーが逃げ出し、先
物市場に流れこんだ
わずか
10～15兆円
の市場だった
ニューヨークの
原油先物市場
株式市場のわずか1.5%が
原油市場に流れこんでも
15兆円市場に100兆円が入る
100兆円
10～15兆円
今度は原油市場が
あふれて
ニューヨークの
原油先物市場
シカゴの
穀物市場へ
トウモロコシ
小麦
大豆

の上に、肉食化が進んでいる。そのために穀物需要が増加しているのだ」、さらに「バイオエタノール燃料のためのトウモロコシ需要が穀物価格を高騰させている」と。しかし、それが穀物価格を高騰させた真の原因なのでしょうか。中国の胡錦濤《こきんとう》国家主席は、迷惑そうに「それは違う」と反論しました。

国連食糧農業機関（FAO）の統計を調べてみると、トウモロコシ、小麦、米の穀物価格は、次頁のグラフのように、二〇〇八年初めまで、めちゃくちゃに上がっています。大豆価格もシカゴ商品取引所のグラフのように、暴騰に次ぐ暴騰です。

ところが、その二〇〇七年の穀物収穫量は、当時の公表値で史上最高の二一・三億トンを記録して、前年に比べて五％も増加し、過去最高だったのです。需要のほうは、一〇億トンが人間の食糧、一億トンがバイオ燃料製造、七・六億トンが家畜飼料になっているのですから、どう見ても、穀物がかなり余っているのに、二〇〇七年の穀物価格は、米が七五％上昇、小麦が一三〇％上昇という異常な高騰です。

FAOの統計でも、世界の穀物需給バランスは、二〇〇七年には前年の五・七七％も生産量が増加して需要を満たすのに充分な穀物があったことを明らかにしていたのです。と

穀物の国際価格

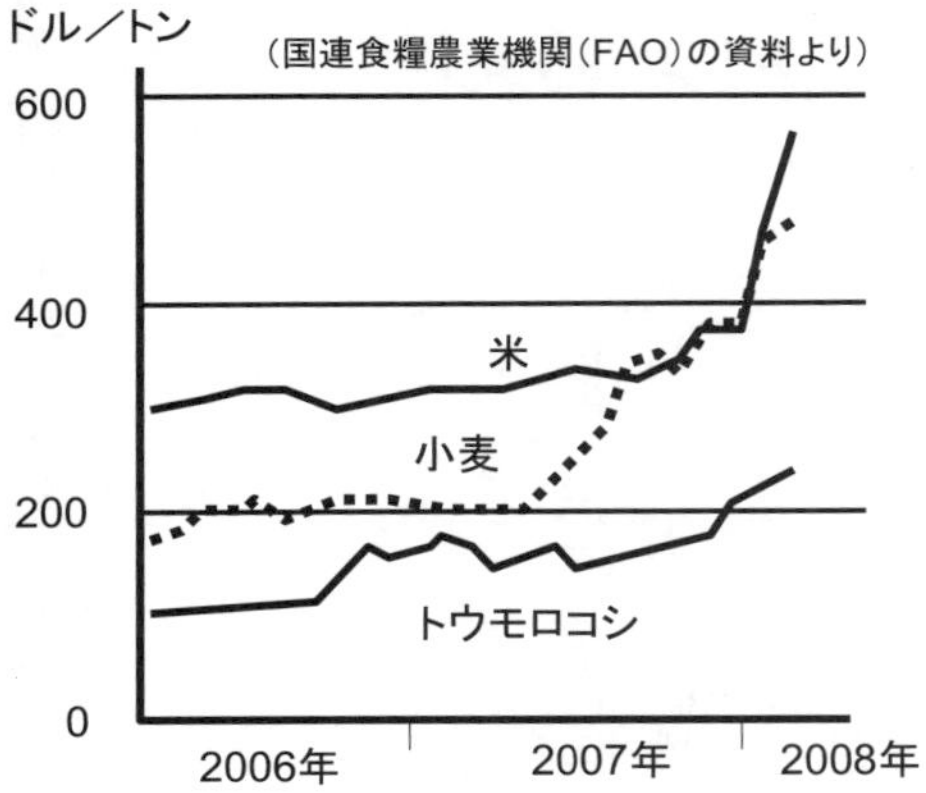

大豆価格

世界の穀物需給

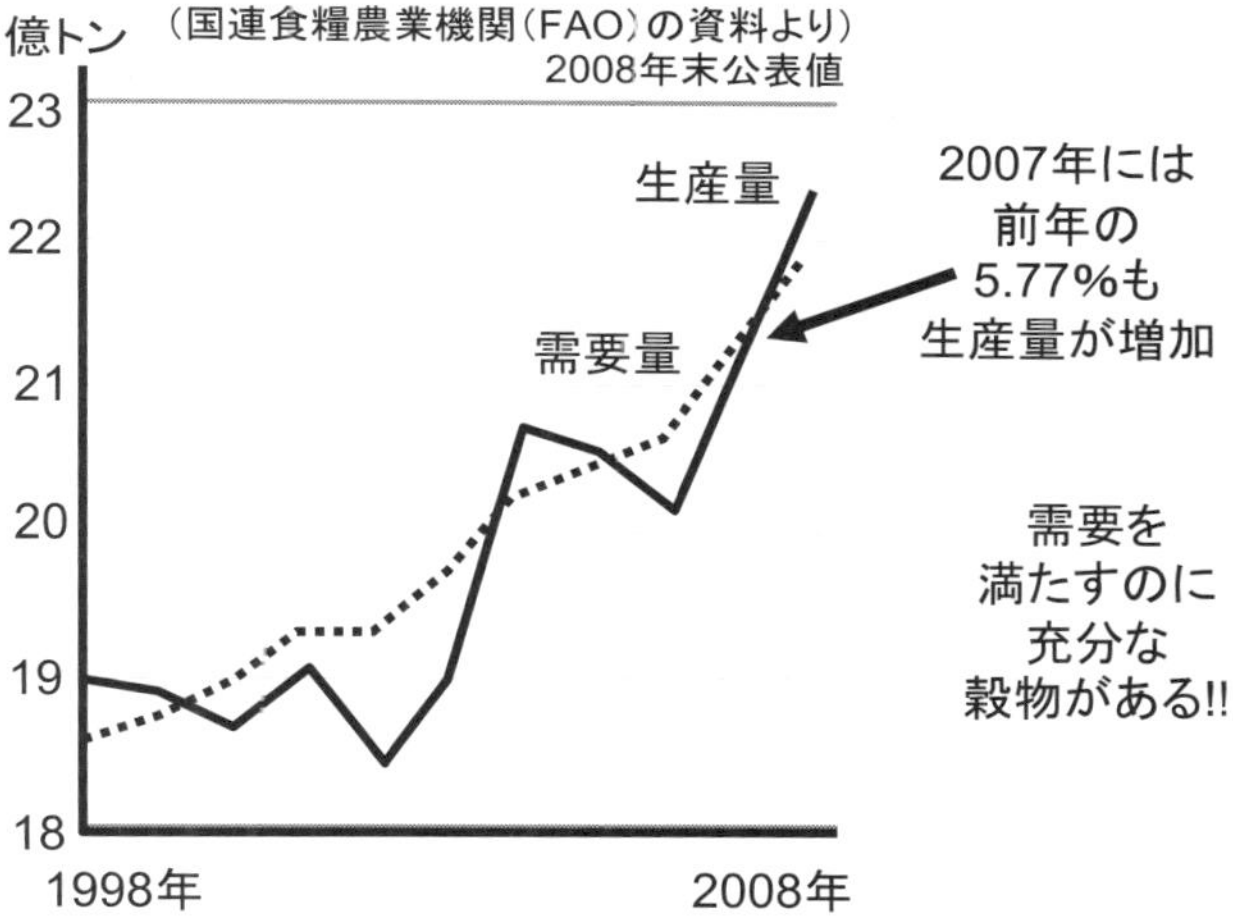

ころが世界三六ヶ国が食糧不足・食糧危機にある、とＦＡＯは訴えています。このようにいい加減な国連の機関が食糧問題をやっているから、世界中の飢餓と貧困がなくならないのです。穀物相場は、二〇〇八年の半ばから、急転してがたっと落ち始めました。トウモロコシも米も小麦も大豆も（次頁グラフ）。

リーマン・ショックから原油価格が暴落を始めると、ほぼ二ヶ月後の二〇〇八年十一月十一日に、ようやく五〇ドル台に入り、十一月二十日には私が上限と見ていた五〇ドルを切って四〇ドル台に落ち、十二月十八日には四〇ドルを切りま

穀物価格の急落

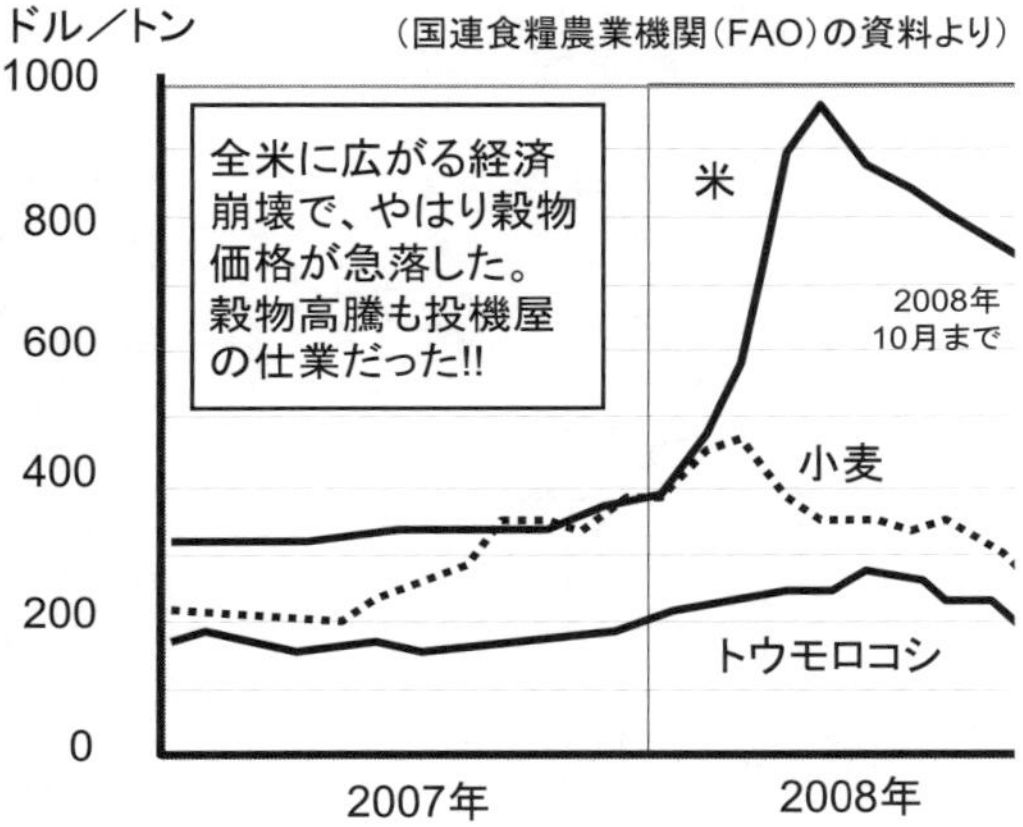

2008年大豆価格

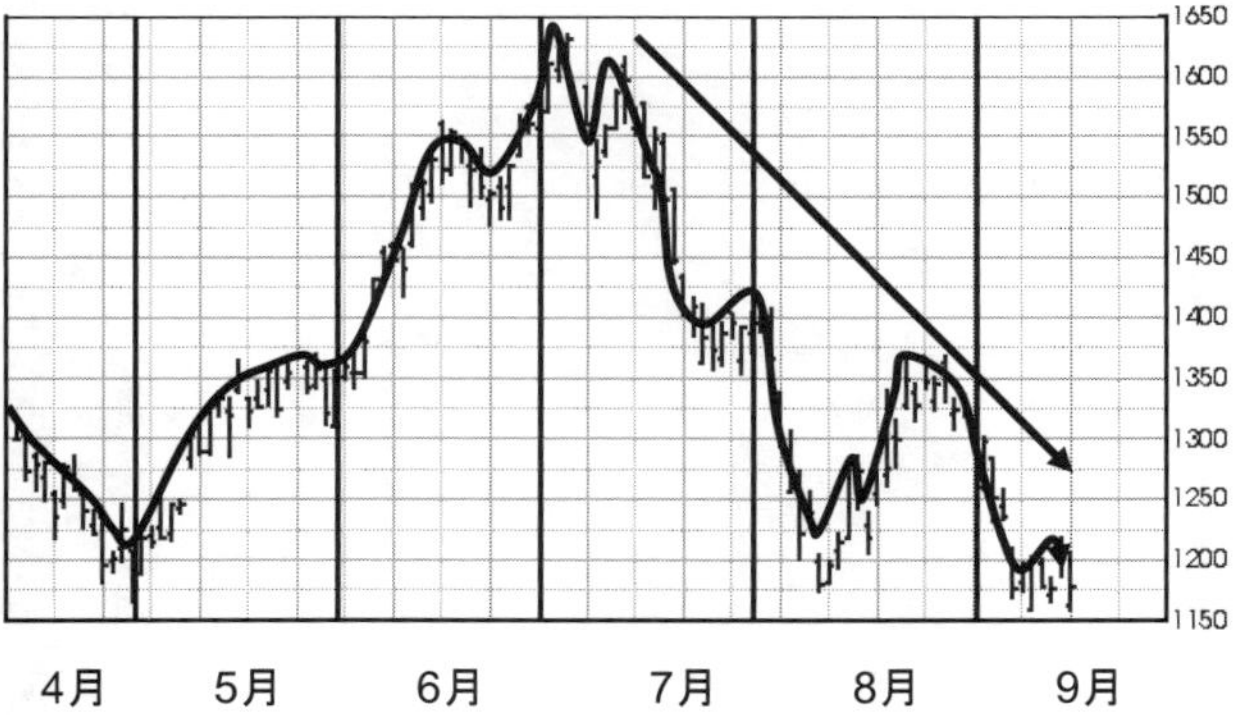

(@Barchart.comより)

した。現在のような世界不況では、これでも高すぎる価格です。

どうして暴落したのですか？

全米に広がる経済崩壊で、借金とりの連鎖反応が始まったため、投機屋が、原油市場と穀物市場から金を引き上げ始めたからです。これではっきり証明されたように、胡錦濤国家主席が不満をこぼしていた通り、穀物価格の高騰は中国のせいでもなく、バイオエタノール燃料のためでもなく、食糧不足でも、食糧危機でもなかったのです。穀物価格が誰かによって操作され、そのために貧困国が穀物を買えないだけですから、価格操作をしている連中を国連がとっちめるだけの規制をしなければならないのです。そもそもトウモロコシからつくるバイオエタノール燃料などというものは、動物や人間の食べ物を自動車に食わせるというのだから、こんなことを許している国連が、まったく無能者ぞろいです。

穀物の国際価格は、天候の変化に左右されて、多少の上下はあるとしても、今回の高騰のほとんどは原油と同じように投機屋が引き上げた部分なのです。評論家たちは、それをほんの付け足しのように、「投機筋もいますから」と言いますが、そうではなくて、大部分が投機屋のせいなのです。

アフリカの飢餓の人数を覚えても、人類愛を訴えても誰ひとり救えません。穀物サミットなんか何度開いても、ボス猿のアメリカがしゃしゃり出てきて、食べ物の奪い合いが解決するはずがありません。福田康夫内閣時代に、アフリカ開発会議を開きましたが、日本に集まってきたアフリカ代表には、自国民のことなんか考えていないような人間がかなりいました。その悪い親分どもと手を組んで、アフリカの資源を盗もうとする会議という印象さえ受けました。そんな時に世界経済が落ちこめば、どこの国でも、食べ物に収入をあてる割合、すなわちエンゲル係数の高い貧乏人が、飢えに追いつめられる経済のルールは、大恐慌の時代とちっとも変りません。

さていよいよ、種明かしをしましょう。

ここまでの話で、原油価格の高騰、金価格の高騰、穀物価格の高騰を紹介してきましたが、もう一つ経済指標となるものがありますね。これらの取引きの世界貿易を大きく支配する為替レートの激動です。一体、これら四つは、どのような関係にあるのでしょうか。

投機屋の総本山――先物取引所とは何か

アメリカのほぼ中央部、五大湖に接するイリノイ州にシカゴの町があります。映画の『アンタッチャブル』で悪名高い、かつてのギャングの町です。

ここに二つの巨大な取引所があります。一つはシカゴ商品取引所（CBOT＝Chicago Board of Trade）で、ここが穀物を取引きして、国際的な穀物価格を動かしています。

もう一つはシカゴ・マーカンタイル取引所（CME＝Chicago Mercantile Exchange）で、以前はメルク（MERC＝Mercantile Exchange of Chicago）という名前のほうがよく知られていました。ここの会頭だったクレイトン・ヤイターがアメリカ通商代表になって、日本との貿易摩擦でおそろしい恫喝外交を展開し、そのあとも農務長官として君臨し、日本の農産物自由化に大変な圧力をかけてきたので、日本人には忘れられない名前です。

このメルクが、もとは農産物の取引所だったのですが、現在では為替を取引きしている世界最大の先物市場CMEです。つまりシカゴ商品取引所CBOTで、穀物が投機の対象となり、シカゴ・マーカンタイル取引所CMEでは、為替レートのほか、金利、畜産物、サブプライム・ローンなど不動産デリバティブ、さらにおそろしいことには、農産物に関連する「天候」までが取引きされています。そこに、国連の「気候変動に関する政府間パネル」(IPCC)の科学者たちが影響を与えて、国家予算とからんで、予測データが作為的に計算されつつあるのです。

CO_2削減を謳《うた》う排出権取引こそ、ここで論じている金融恐慌で問題が表面化したデリバティブの代表的なものなのです。つまり政治的な金融取引が、その背後で進行してきたのです。そして、この排出権取引デリバティブが引き金となって、不正簿外処理にのめりこみ、二〇〇一年十二月二日にアメリカ史上最高額の資産で倒産してウォール街を震え上がらせたのが、エネルギー企業「エンロン」だったのです。そしてエンロンのりんごを腐らせたのが、シティグループをはじめとする、いま問題になっているサブプライム・ローン破綻銀行でした。これが、二〇〇二年のウォール街腐敗スキャンダルが暴かれる源となり、株価の底値を招きました(詳細は拙著『世界金融戦争』参照)。

穀物価格と食糧問題は、二酸化炭素温暖化論と一体になっているので、きわめて危険な状態にあります。と言っても、ほとんどの人は、現在の地球は、人間による二酸化炭素の排出量が多すぎるために、温暖化が進んでいると信じているでしょう。実はそんな単純な問題ではないのですが、本書では金融問題の本論から外れるので、分りやすい科学的な実証データが示されている赤祖父俊一著『正しく知る地球温暖化　誤った地球温暖化論に惑わされないために』（誠文堂新光社、二〇〇八年）を必読書として、みなさんに推薦するにとどめます。

一方、金融街ニューヨークには、重要な先物取引所が二つあります。テキサス原油価格（ＷＴＩ＝West Texas Intermediate）と呼ばれる値段を投機屋が操作して、全世界の原油価格を暴騰させた総本山が、いまや悪名高いニューヨーク・マーカンタイル取引所（ＮＹＭＥＸ＝New York Mercantile Exchange）です。

もう一つは、これら投機屋たちが、投機事業の最後の逃げ場として資産を確保する、いわゆるリスクに対する保護障壁＝ヘッジとして資金を投入するための、金（ゴールド）市場であるニューヨーク商品取引所（ＣＯＭＥＸ＝Commodity Exchange）です。株券や為替レートなどは紙切れの数字ですからリスクが付き物ですが、もし相場が激動しても、金塊という現物を持っていれば、何とか資産を守る担保になるというわけです。その意味で、さきほど示した金価格のグラフ（四四頁）は一種の不安指数であり、原油と共に高騰していたことは、将来の価格暴落をはっきり示していたのです。

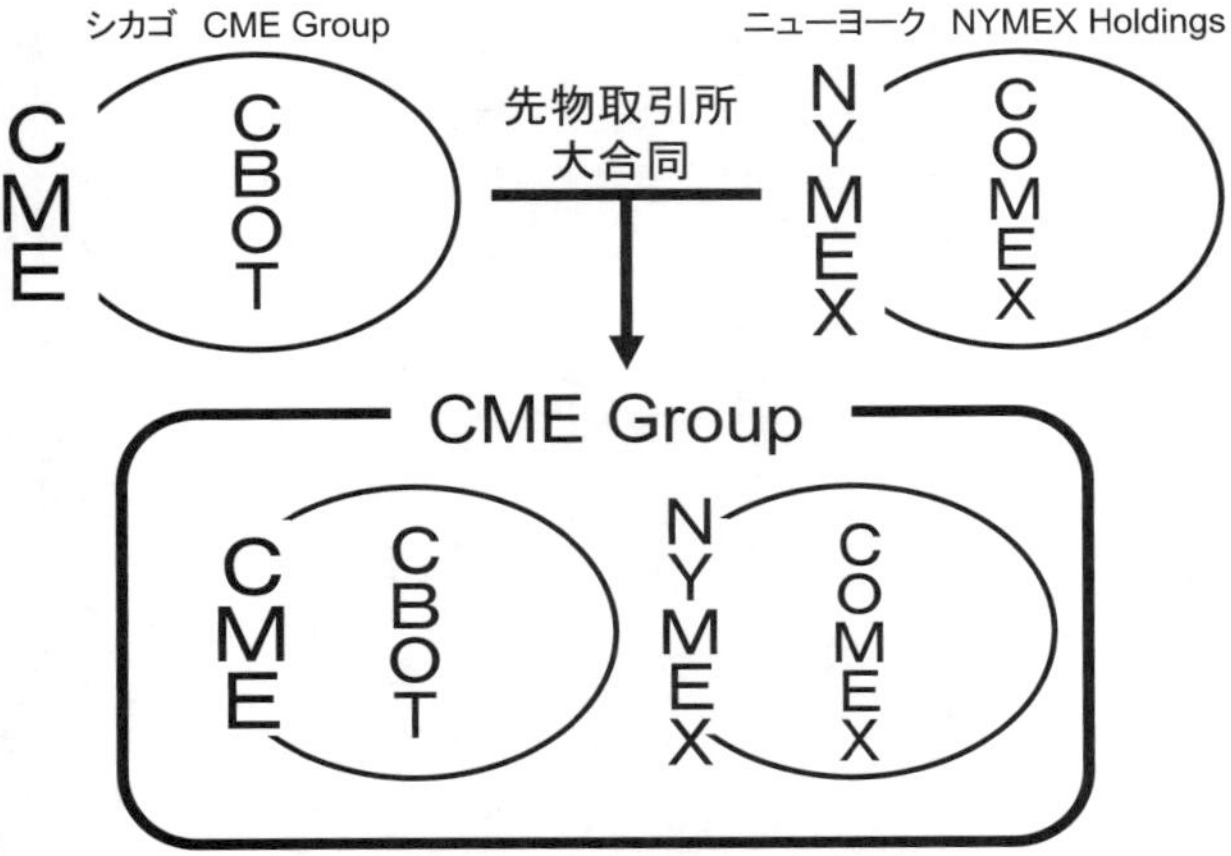

CME——為替、畜産物、金利などのシカゴ・マーカンタイル取引所 Chicago Mercantile Exchange
CBOT——穀物のシカゴ商品取引所　Chicago Board of Trade
NYMEX ——原油のニューヨーク・マーカンタイル取引所 New York Mercantile Exchange
COMEX——金（ゴールド）のニューヨーク商品取引所　Commodity Exchange

では、これら四つの原油・金・為替・穀物は、互いにどのような関係にあるのでしょうか。

◇一九九四年八月三日　原油取引所（NYMEX）が金の先物取引所（COMEX）を買収合併。

◇二〇〇六年十月十七日　為替取引所（CME）が穀物取引所（CBOT）を買収すると発表（正式合併は二〇〇七年七月十二日）。両社はCMEグループとなる。

◇二〇〇八年三月十七日　為替・穀物取引所（CMEグループ）が原油・金取引所（NYMEX～COMEX）

CBOTのディーリング・フロア。AP Images

を買収（合併完了は八月二十二日）。

これを図解すると、右頁のようになります。

このように、先物取引という投機屋の四大取引所が、CMEグループとして、驚いたことに一社になっているのです。為替、穀物、原油、金の先物取引をおこなっている世界最大のデリバティブ取引所となった化け物会社です。それぞれの取引所では、広大なディーリング・フロアで、異常な熱気を帯びて、第一線のディーラーがとてつもない金額の取引きを毎日おこなっています。そのうちかなりの人間は、いえ大部分は、投機業者やその代理人です。つまり利益に目のくらんだ人間たちです。世界中が彼らの取引きでどれほど迷惑を受けるかということには、まったく興味がない。

　諸悪の根源は、投機マネーにあります。価格を動かしてきた連中は、コモディティー貿易アドバイザーと呼ばれ、原油、穀物、ゴールドなどコモディティーと呼ばれる商品相場の値段をつり上げるハゲタカ投機屋グループです。彼らの腹には、いずれ原油相場から資金を引き上げて、巨額の利益を懐に入れるという目算がありました。そうでなければ、ヘッジとしての金価格も同時に上がるということはない。ですから私は、原油価格が五〇ドルを超えてからは、いつ暴落するか、という目で見てきました。

　しばしばアメリカでは、不正をおこなう人間を「腐ったりんご」と呼びますが、一つのりんご箱に、為替、穀物、原油、金のりんごを入れたらどうなるでしょう。ほかのディーラーに負けまいとして、利益率の高さを張り合うのが、投機屋とヘッジファンドたちの毎日の「仕事」です。これら取引所のりんご箱の中で腐敗が広がらないはずがない。こうして、ディーラーの一人ずつが腐ったりんごになってゆきます。現在は、その腐敗の絶頂期にあると言ってもよいでしょう。

　腐敗という言葉を、ここで定義しておきますと、金もうけではありません。イチローのように一頭地を抜く優秀な大選手が、破格の年俸を手にすれば、私たちは万雷の拍手を送ります。企業や発明家がすぐれた製品を世に送り出して、マイスターよろしく大きな利益を手にすることにも、快感を覚えます。腐敗とは、不労所得と呼べるような浅はかな行為を通じて、限度を超えた富の取得や独占をおこない、罪もないほかの人間の生活を圧迫して、知らぬ顔の半兵衛を決めこむことです。

彼らに、世界の博愛を説いても、賽《さい》の河原で石積みするように、すぐに鬼が来て蹴飛《けと》ばしてこわしますから、無駄な努力です。しかし全世界に、価格暴騰・下落のひどい苦しみが蔓延《まんえん》し、ついには貧困者が生きられないところまで追いつめられています。アフリカやアジアで起こった各地の暴動は、食べ物を手にすることができない怒りから起こった、生物としての最後の闘いであったのです。

日本で、ワーキング・プアという奇怪な言葉が無神経に使われていますが、貧困とは、貧しさ（プア）とは違います。貧しくて今日の糧も手に入れられないまま、生きる手段がなく、相談する友も一縷《いちる》の希望もない状態に置かれることが貧困です。ですから、このような人類の犯罪の拡大を、政府当局が取り締まらなければならないはずですが、アメリカ政府は、これを野放しにしてきました。犯罪が、犯罪にならないように制度を定めているのが、現在のアメリカと世界の金融システムなのです。これを犯罪とする認識が、全世界のエコノミストと政治家にまったくない。その精神的な腐敗こそが、金融腐敗の源であります。

私にとって一番の不思議は、原油価格と穀物価格が暴騰していた二〇〇八年初めの時点で、ヨーロッパでもトラック運転手たちがデモをくりひろげ、日本の漁業者が追いつめられ、貧困国で暴動が広がっていたのに、なぜ、全世界が金融腐敗という犯罪の撲滅に立ち上がらないのか、という怒りを含んだ疑問でした。

ところがこの四大取引所の総本山であるＣＭＥグループの本拠地シカゴから、「チェンジ！」と叫ぶ男が飛び出してくると、あっという間に、大統領の座を射止めました。シカゴで活動してきたバラク・オバマは、大統領選挙に勝利した夜、劇的な演説をシカゴでおこない、「この金融危機が教えてくれたことがあったとすれば、それは、メインストリートが苦しんでいる時にウォールストリートが繁栄しているようなことがあってはならないということだ。それをみなで、思い起こそう」と力強く呼びかけました。だが、果たして

2008年11月5日　“シカゴ・サン＝タイムズ”、“シカゴ・トリビューン”

この新時代の能弁なヒーローが、腐敗する人間と完全に手を切った――つまりアンタッチャブルとして、この取引所の腐敗を根絶できるでしょうか。映画の中でロバート・スタックやケヴィン・コスナーが演じたエリオット・ネスのように、ギャングのシンジケートをきれいに掃除して、現代のアル・カポネたちを投獄できるのでしょうか。

これは決して、比喩《ひゆ》で言っているのではありません。暗黒街の顔役アル・カポネたちギャングのシンジケートが政治家や警察をワイロで抱き込み、好き放題に街を牛耳った一九二〇年代は、ホームラン王のベーブ・ルースが登場して野球人気が燃えあがり、ジャズが

禁酒法の1920年代にギャングが横行して
株価が一直線に上昇
そして1929年10月24日
ウォール街「暗黒の木曜日」を迎えた

Al Capone

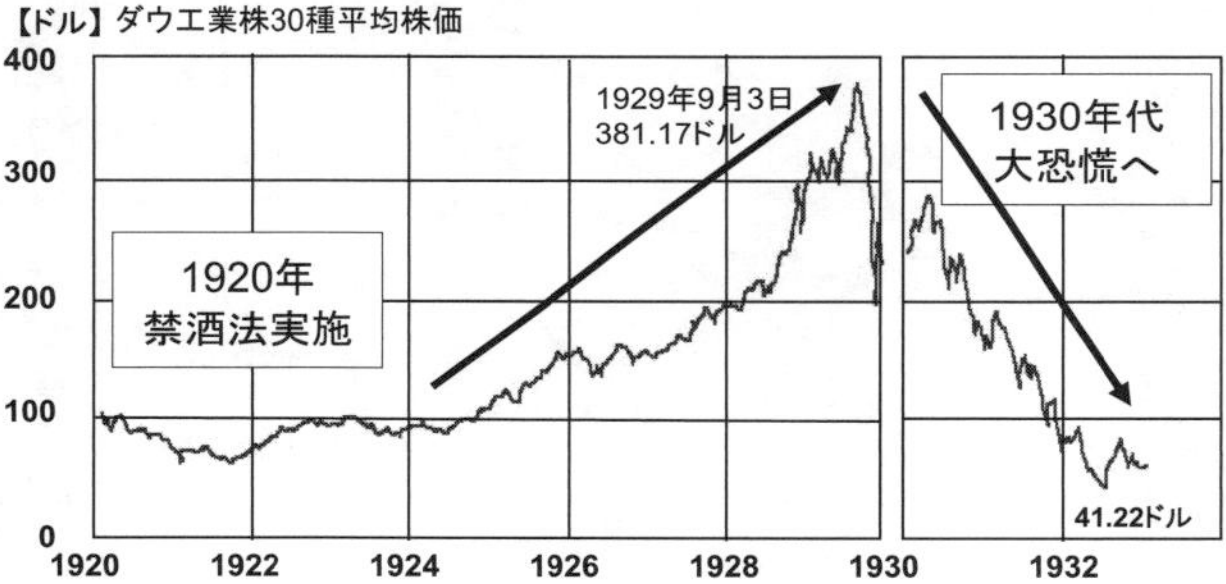

人々を熱狂させる一方で、ローリング・トゥウェンティーズと呼ばれる狂乱の禁酒法時代でした。この悪法によって密造酒でもうける犯罪と共に、売春と白昼の殺人が全米をむしばみ、その時代に、世界経済の中心地がロンドンからニューヨークのウォール街に移って、不正会計だらけのニューヨーク証券取引所で未曾有《みぞう》の株価上昇が起こり、最後に一九二九年十月二十四日、暗黒の木曜日、大暴落を迎えたのです。大恐慌の前にあったのが、金融腐敗でした。

　今、同じシンジケート構造で、同じ犯罪が闊歩《かっぽ》しています。私たちは、数字をもてあそぶ前に、正常な人間の知性と感情を取り戻す必要があります。

この腐敗の大きな引き金を引いた、サブプライム・ローン問題とは何だったのでしょうか。

アメリカのサブプライム・ローン問題とは何か

アメリカの低所得者向けの住宅ローンは、不動産バブルに踊った日本人でさえ驚くほど、時には契約書なし、多くは担保なしで、一戸建ての豪華なマイホームを買えるように優遇した制度です。優遇金利のことをプライムレートと呼ぶように、優遇を意味するのがプライムですが、サブプライム・ローンは、借金を返済できない危険性が高い人も、平気でローンを組めるシステムでした。

アメリカの不動産金融は、ファニー・メイとフレディー・マックという二社が元締めとして君臨してきました。両社とも、もとは国営の金融組織で、正式名は、連邦住宅抵当公社（または金庫）と連邦住宅貸付抵当公社ですが、これが民営化されて、しかも「準国営」であるかのように振る舞ってきました。政府がその債務を保証するかのような態度で、放漫な経営をしてきたという意味です。

重要なことは、サブプライム・ローン問題が二〇〇七年にマスメディアをにぎわすようになるずっと前から、私のような門外漢が、この両社の経営危機と不動産バブルに気づいていたのに、それをアメリカ政府の誰も規制せず、エコノミストも警告しなかったところにあります。

私が気づいたのは、両社が事実上破綻する五年前の二〇〇三年でした。その年にはすでに、不動産金融の王者ファニー・メイが資産で全米第二位の企業としてのしあがり、第二位のフレディー・マックと合わせて住宅市場のシェア四〇％を占めていましたが、経営危機が報じられていたのです。ところが逆に、アメリカ不動産市場は米国債市場の一・二五倍もの規模に膨らんでいました。そのため、一九九〇年代に起こった債券市場の混乱よりも大きなショックになる、と予測できたのです。

当時からアメリカの腐敗人脈を人名録で調べていた私は、不動産には無関係と思われる気がかりな人物たちが、ファニー・メイ重役という不思議な履歴を持っていることに気づいていました。代表的な何人かを挙げますと、投資業界に君臨するゴールドマン・サックス会長からホワイトハウスに入り、二〇〇二年十二月にブッシュ政権の経済政策担当大統領補佐官・国家経済会議委員長となって米軍のイラク攻撃用軍事費を膨張させたスティーヴン・フリードマン、あるいはワシントンDCの投資銀行家で、ブッシュ大統領一族の一派として権勢を誇ってきたフレデリック・マレック、あるいはレーガン政権の首席補佐官から巨大軍需産業のマクドネル・ダグラスとボーイングの重役となったケネス・デュバーステインらが重役であり、そしてブッシュ政権通商代表となったネオコン一派の悪名高いロバート・ゼーリックまでが、ファニー・メイ副社長の履歴を持っていました。ゼーリックは、イラクのサダム・フセイン体制崩壊を主導した一人で、おそれ多くも二〇〇九年現在の世界銀行総裁です。このような大物たちが、住宅バブルに巣喰《すく》っていたわけです。

ところが実際に、一九九九年からファニー・メイのトップである最高経営責任者（CEO）に就任したのはフランクリン・レインズで、この黒人が右に紹介した大物たちの上に立っていました。彼は、経済誌〝フォーチュン〟の「トップ五〇〇社で初の黒人CEO」として書き立てられましたが、ウォール街など金融界では白人が利権を握って絶対に放しませんから、黒人の異例の出世は、例外なく紐付《ひもつ》きのケースです。何か裏にあるだろうと履歴を調べると、レインズはロスチャイルド系の有力投資銀行の一つであるラザール・フレールのパートナーからのしあがり、クリントン政権の行政管理予算局長という要職についてきた人物でした。のちに本書の最重要人物として登場する財務長官ロバート・ルービンの部下になったのですから、ルービンが因果をふくめて、この黒人を利用しようと企んでいることは間違いないところでした。

最後には、政府に求められるまま、不動産バブルの火中にサブプライム・ローンの猛烈な油を注いだレインズは、会計不正が発覚して辞任に追いこまれ、二〇〇六年に証券取引委員会（SEC）から、社内利益を操作して自分たちのボーナスを最高額に引き上げた罪を問われて告訴され、手にした莫大な金額のボーナスや年金などを返還させられる悲惨な運命を迎えます。しかしもう一方の当事者であるルービンは、財務長官からシティグループに移って、この巨大銀行にリスクの高い不動産投資への道をまっしぐらに歩ませ、レインズがまいた種を刈り取る作業に夢中になりました。

もう一社のフレディー・マックも、二〇〇三年に粉飾決算が発覚したのですが、粉飾決算を進めた幹部のグレゴリー・パーセギアンをCEOに任命して非難が集中しました。幹部たちは、二〇〇〇〜二〇〇二年の三年間の利益を実際より五〇億ドル（五〇〇〇億円）近くも少なく申告する数字操作をして、それによって、現在の業績が上昇したように見せようとしたことが発覚したのです。そして不正会計操作に対して、連邦住宅公社監督局が一億二五〇〇万ドル（一二五億円）の制裁金を科し、粉飾決算のため評判も信用も崩壊しました。

このようなファニー・メイとフレディー・マックが、共和党、民主党のどちらにも腐敗人脈を広げ、二〇〇八年に末期的な経営危機に陥り、九月七日に政府から二〇〇〇億ドル（二〇兆円）の公的支援で救済され、再び国有化されたわけです。しかし問題は、それ以上に深刻なようです。二〇〇八年十一月二十三日に発売された雑誌〝ニューヨーカー〟（十二月一日号）には、「メルトダウンの解剖」と題して、今回の金融崩壊を追及する長文のレポートが掲載されましたが、そこに目を疑うことが書かれていました。

「一四兆ドル（一四〇〇兆円）の不動産債務が全米にある。サブプライム・ローンの二兆ドルなどは取るに足らない。連邦準備制度理事会（ＦＲＢ）の推定では、サブプライム・ローンに苦しむ全損失は、株式市場の一日の取引高とほぼ同じであるから、こんなもので金融界が崩壊する道理はない」というのです。原文は、"the fourteen trillion dollars in mortgage debt outstanding in the United States" とありますので、outstanding を未決済と訳してよいでしょう。一四〇〇兆円の不動産債務が未決済のままになっているのですって?

あまりに巨大な金額なので、何度も数字を確かめましたが、一四兆ドルは一四〇〇兆円です。しかもファニー・メイとフレディー・マックが売りまくった不動産関連の証券が、焦げついているのです。

アメリカ自動車業界のビッグスリーはなぜ経営危機に陥ったか

金融とは、金を融資することです。これは英語でローンといい、昔からの日本語では、金貸しです。ここ何年も、アメリカ人の消費生活は、国家ぐるみ高利貸しで成り立ってきたのです。これからは、「貸し倒れ」と「借金取り」の経済が横行する運命にあります。いや、すでにすさまじい貸しはがしが始まっています。アメリカ嫌いの読者は、内心で「ざまあみろ」と思うかも知れませんが、そういうことではありません。

一九一二年四月十四日に世界一の豪華客船タイタニック号が氷山に衝突して沈没した時には、まず先に救命ボートに乗って救出されたのは一等船客で、船底にいた三等船客たちは、次々と氷の海に呑まれてゆきました。

苦境になれば貧乏人から先に犠牲になるというこの鉄則は、現代でも微動だにしません。大国アメリカは、一四〇〇兆円をどこか（同盟国と自負している間の抜けた国）から、どうにか融通する計算をしているに違いないからです。私たちは、日本の政治家の愚かな言動に相当に注意を払っていないと、アメリカの借金を肩代りさせられます。

さて、金融ビジネスをおこなってきたのは、銀行、証券会社、保険会社のような金融機関だけだったのでしょうか。ここに、興味深いグラフがあります。

世界最大の自動車会社で、アメリカ最大の産業であるゼネラル・モーターズ（ＧＭ）の株価が急落したのです。二〇〇八年十一月十九日には、ついに二・七九ドルとなり、三ドルを割った株価に、世界中の産業界が、自分もその余波を受けるのではないかと大騒ぎしました。実際、トヨタをはじめとする日本の自動車メーカーの大幅減収も報じられました。日本では、「ＧＭの経営者が燃費効率の悪い大型車の生産にのめりこんで、日本のように

ゼネラル・モーターズの株価

すぐれた中型・小型車の開発をしてこなかったツケが回ってきたのだ」という論評が大半だったでしょう。しかし売れ行き不振だけでしたら、現場労働者の首切り（レイオフ）を平気でできるアメリカのメーカーは、株価が三ドルを割るほどの末期的な経営危機にはならないのです。アメリカの需要にもうけを見つけてきた日本の自動車メーカーも、収入激減と将来の生産量の激減に追いこまれましたが、これまでその企業を支えてくれた派遣労働者と期間労働者に解雇を通知して平然と使い捨てをおこない、これで何とかしのぎ、倒産までは至っていません。

実は「GMは自動車メーカーである」と考える常識が間違いなのです。

すでにこの四年前の二〇〇四年時点で、GMの金融子会社GMAC(General Motors Acceptance Corporation)がGM全体の利益の六四%をかせぎ、自動車メーカーとは言えなくなっていたのです。この物語は、複雑怪奇ですが、日本にも深い関係があるので、くわしく説明しておかなければなりません。

二〇〇六年四月三日には、GMの営業不振につけこんで、そのGMAC株の五一%を、ニューヨークにあるハゲタカ投資ファンドのサーベラス(Cerberus Capital Management)が買収して経営権を握りました。ハゲタカと呼ばれるのは、経営破綻した企業の死骸《しがい》に群がって買収し、その肉をついばみ、その死骸をまた別の企業に売り飛ばして自分が太ってゆくことから名付けられたものです。

サーベラス創業者のスティーヴ・ファインバーグは、父ブッシュ大統領時代に〝史上最低の副大統領〟と全米から非難を浴びたダン・クエールを国際投資部門のトップに迎え、息子ブッシュ大統領の国防長官ドナルド・ラムズフェルドがその顧客という、寒けのするような関係を取り結んできました。日本の有力長期信用銀行である日本債券信用銀行が不動産と地上げにのめりこんで一九九八年に破綻すると、サーベラスはすぐさまその買収に乗り出し、日債銀に注ぎこまれた莫大な日本人の税金を食い荒らしたまま、リーマン・ブラザーズとタッグを組みながら二〇〇〇年にあおぞら銀行と改名して、クエールを取締役に送りこんだのです。当時の筆頭株主はソフトバンクでしたが、二〇〇三年には全株をソフトバンクから買い取って支配したので、二〇〇八年末現在のあおぞら銀行はサーベラスの傘下にあり、クエールが取締役です。日本の国民が大損した分の資金がサーベラスに入って、GMの金融子会社GMACを買収する資金に回ったわけです。

サーベラスの資金は、機関投資家や個人富裕層の資産ですが、さらに驚いたことに、ブッシュ政権でサブプライム・ローンを野放しにした財務長官ジョン・スノーが二〇〇六年六月二十九日にホワイトハウスを退任すると、十月十九日にはサーベラス会長に就任したのです。そして翌二〇〇七年五月十四日には、サーベラスが大手銀行から借り入れた資金で、ビッグスリーの一社であるクライスラーを買収することが発表され、八月三日に買収が完了しました。この時サーベラスが借り入れたのは、シティグループ、ゴールドマン・サックス、J・P・モルガン・チェース、モルガン・スタンレーなど錚々《そうそう》たる大手金融機

フォードの株価

関からであり、その債務総額一一五億ドル（一兆一五〇〇億円）が、二〇〇八年の金融機関破綻のもう一つの大きな震源ともなりました。まるで財務長官スノーが金融崩壊の引き金となったような話です。そしてGMの経営危機が表面化した二〇〇八年十月十日には、GMが子会社GMACの残り保有株四九％をサーベラスに売却する動きが表面化したのです。

ビッグスリーのもう一社、フォードはどうだったでしょう。

フォードの株価もGMと同じで、二〇〇八年十一月十九日に一・二六ドルと、なんと株券が一ドル台という前代未聞の紙切れとなりました。このフォードも、すでに何年も前から、本業の自動車部門の赤字を、金融子会社であるフォード・モーター・クレディットが穴埋めしてきました。

クライスラーは、一九九八年にドイツのダイムラー・ベンツに買収され、ダイムラー・クライスラーとなって、これからは新機軸を開くと全世界から期待を集めていたはずですが、赤字続きのため、いまやサーベラスに買収されてハゲタカ傘下にあり、ニューヨーク証券取引所にクライスラーの名はありません。

ビッグスリーの経営危機は、このように「皮をひけば身があがる」のたとえ通り、金融腐敗と皮一枚の密接な関係にあったことがお分りと思います。アメリカの報道では、二〇〇八年十一月末時点で、デトロイトの自動車メーカー、ビッグスリーは銀行などに一〇〇〇億ドル（一〇兆円）以上の借金を抱えており、この金利を支払うだけであっぷあっぷの状態にありました。ですから、ウォール街はそれを返済できるとは見ていませんでした。そのための株価大暴落ですから、根が深刻です。

冒頭で述べたように、政府が支援しなければ、三社はすぐにも破綻して、その影響が波及して数百万人の労働者が失業する状況にあることを示唆する漫画が、〝ニューヨーク・

愚かな連帯。2008年11月19日。
ⓒ (2008) Pat Oliphant. Reprinted by permission of Atlantic Syndication/Universal Press Syndicate.

タイムズ〟に掲載されました。
キャプションには、「経営者も労働組合も愚かな行動で連帯」と書かれています。経営者に対する全米からの非難は有名でしたが、労働組合までも批判されていることが、この漫画から受けた驚きでした。その理由は、自動車業界では、ほかの産業より労働者に対する人件費がかなり高額で、医療費などの社会保障費も、手厚く支払われてきたからです。

この漫画のほかにも、血のめぐりの悪そうな恐竜【GM】が頭を下げて議会に金をねだると、「われわれが救済したなら、これから君は進化すると約束できるのかね」

と、議会が説教する漫画も出ました。贅沢な社用ジェット機でワシントンに乗りつけ、議会に大金の支援を要請しに行ったビッグスリー首脳の事態をわきまえない行動に全米から怒りの声がわきあがると、「自動車が売れんのだから、飛行機も売れんのだよ」と言い訳する自動車会社の漫画も出ました。ビッグスリー首脳が十二月に再度ワシントンに金をねだりに行くのに、今度はデトロイトから八〇〇キロ以上の道のりを自社の車で行くことになると、ハイウェイで指を立てながらヒッチハイクをして、「トヨタの車がひろってくれるといいのだが」とつぶやく姿など、自動車メーカーを嘲笑《ちょうしょう》する漫画が山のように描かれました。

このように揶揄される自動車メーカーは、オバマが救済を公約に掲げて当選したのとは裏腹に、GM会長のリチャード・ワゴナーが二〇〇七年の報酬として一五七四万ドル（一五億円）もの法外なサラリーを懐に入れて、自分はのうのうと優雅な生活を送ってきました。もし政府から資金援助を受ければ、ビッグスリーはさらに債務が増えて、その借金を返せる当てもないのですから、不況にあえぐ国民の税金をドブに捨てることになるでしょう。〝ニューヨーク・タイムズ〟と〝ウォールストリート・ジャーナル〟がそろって「倒産後に再建させよ」という論陣を張ったことも手伝って、国民からも見放され、「ビッグスリーを倒産させてしまえ」の声が圧倒するほど、経営者たちの高給と、大型車の製造にのめりこんで放漫な経営にあぐらをかいてきた怠慢さに、怒りが爆発するところまできていたのです。

しかし、たびたび報道されたこの経過で最も注目すべきは、GMをはじめとするアメリカ自動車業界を襲った最後の経営危機が、自動車そのものの販売不振の上に、ローンサイクルが襲いかかって、借金を返せないおそろしさに真の原因があったということです。したがって、そのメカニズムを知っておく必要があります。

アメリカのローンサイクルと政府救済資金の巨大さ

アメリカのローンサイクルでは、まずアメリカ人が、とりわけ貧乏人が、銀行から金を借りて、それも返済できる当てもなしに「担保なし」で、豪華な一軒家を建てます。そうするとアメリカ人には、住宅という蜃気楼のような担保ができます。これを担保に、今度は自動車を買います。すると、新たに自動車という蜃気楼のような担保ができます。そして好き放題に、買い物ができます。贅沢三昧《ざんまい》の生活をしながら、住宅価格が上がってゆくと、その価格上昇分だけ、また新たに借金をすることができます。これは、クレジットカードのような形で、毎日の愉快な生活を好きなだけエンジョイできるシステムです。

さて、貧乏人に住宅資金を貸した側の銀行は、「私の銀行にはこれだけの貸した金が財産としてあります。住宅価格はどんどん上がっています」と言って、住宅ローン債権を証券化して、この新しい投資商品を投資家にどんどん売却しながら、架空の暴利をむさぼってきました。果たして、そのような証券化ができるなら、無一文でも利益を生むことになるから、あってはならない投資のはずですが、それをまた買いこむ投資家が山のようにいました。

二〇〇七年夏から、住宅価格が落ち始めると、このローンサイクルは、プラスからマイナスに猛烈な勢いで逆回転を始めました。これが、サブプライム・ローン破綻の全貌《ぜんぼう》です。ですから、住宅だけではなく、買い物ローンが全米の業界にしみわたり、返済不能の借金が自動車業界や、広大な小売業界に広がってしまいました。個人のクレジットカード破綻が、巨大な債務として町のすみずみに横たわっていますから、これが目を覚ましてむっくり起き上がると、これから大変な恐怖と不安が襲ってくるというわけです。つまりまだ、何も事態が解決されていないのです。

たとえば、電機メーカーであるゼネラル・エレクトリック（GE）は、エネルギー分野ではすぐれた天然ガス発電機のメーカーとして現在も世界一の技術を誇っていますが、収益から見た経営（帳簿）では、世界最大のノンバンクである子会社GEキャピタルが、二〇〇七年の利益の半分をかせいできました。GMやフォードと同じように、金融で食ってきたのです。GEの金融部門は日本にも進出して、九〇〇〇億円で日本リースを買収し、消費者金融のレイクも買収し、経営危機にあった東邦生命保険相互会社と合弁で保険会社のGEエジソン生命を設立し、東邦生命は事実上抹消される運命をたどりました。先年まで、全世界の企業の時価総額で、マイクロソフトに次ぐ第二位を誇ったこのGEも、サブプライム・ローン崩壊の余波で二〇〇八年十一月に株価が急落しました。

金融に手を出した世界は、利益に目がくらんで、もともと実体のない風船をふくらませてきただけですから、風船に針の穴があいてはじけた瞬間に、みな空気のように消えたわけです。

新船長の到着をお待ちください。2008年11月19日。

この時期に出た漫画は、アメリカが迎えた現実と国民の心理を、リアルに描きました。

沈没してゆく全米の州と都市に対して、「アテンション・プリーズ（聞いて下さい）。どうか、私たちの新しい船長が到着するまで静かにお待ちください。以上……」と、ワシントン政府がアナウンスしています。

いまや、オバマの大統領就任まで打つ手はないというわけです。

しかしバラク・オバマは、この漫画が掲載される三日前の十一月十六日にテレビ出演して、「金額が空欄になっている

金融機関のサブプライム・ローン損失額

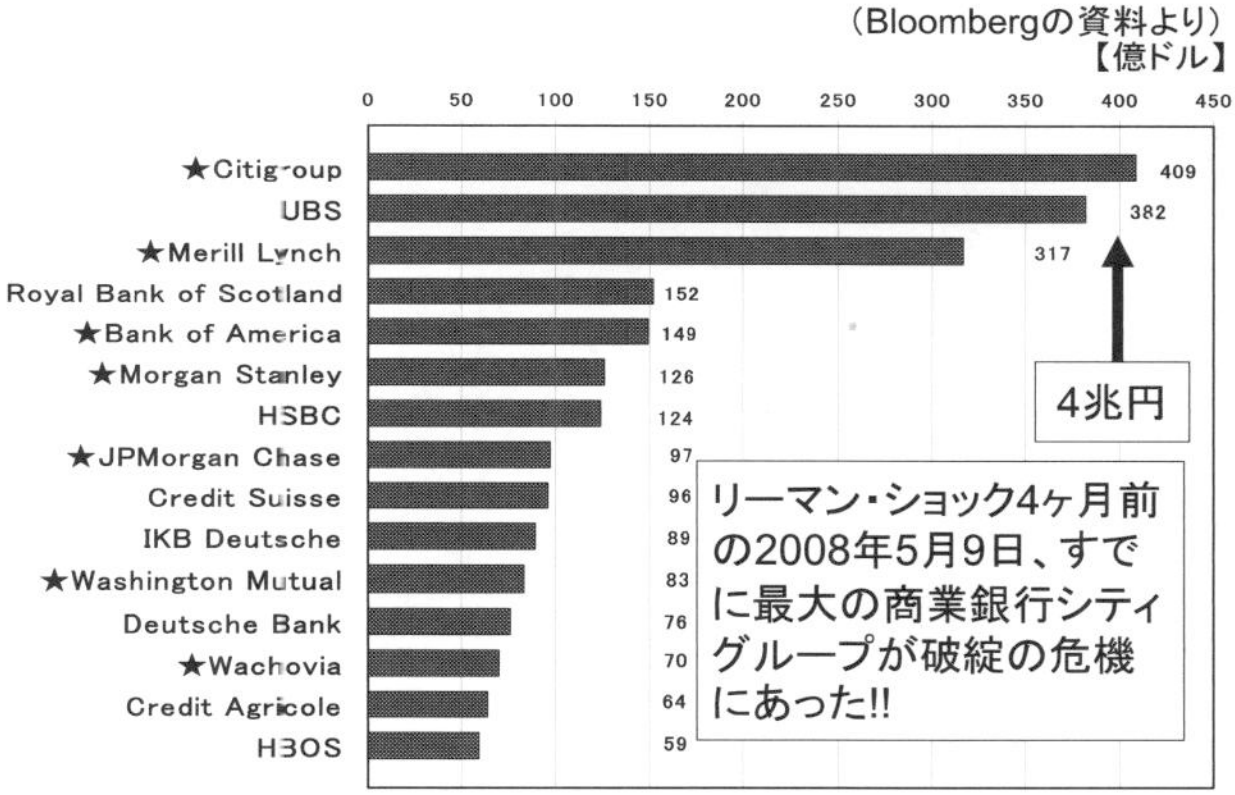

★印はアメリカの金融機関

白紙の小切手」が、私のところに回ってくるのはおかしい、とアメリカの風潮を強く牽制《けんせい》し、自分が大統領に就任するまでに、現在の政府と議会がビッグスリー問題に解決の道筋をつけるべきだ、と主張したのです。当然の言い分でしょう。けれどアメリカ国民は、大統領就任式前に、ブッシュの退任と、オバマ新政権の発足を強く求めるという、前例のない世論を生み出しました。

サブプライム・ローンに直接起因する金融機関の損失額を見ると、リーマン・ブラザーズが破綻する四ヶ月も前の二〇〇八年五月九日にブルームバーグが公表した数字で、すでに最大の商業銀行シティグループが四兆円の損失をかかえて、破綻の瀬戸際にあったのです！

　ところがそれから半年後に明らかになった九月期末決算では、シティの累計損失が七兆円を突破し、メリル・リンチも三兆円が五兆円にふくらみました。このようにたちまち二倍近くになるということは、実際の損失額が、嘘の決算報告で塗り固められていたことの証左です。猜疑《さいぎ》の目が金融界と政府監督者たちに鋭く向けられてゆき、マスメディアが損失の実態を次々と暴露したため、深刻さが誰の目にも明らかになり、十一月二十一日にシティの株価がついに三・七七ドルまで急落しました。私たちでも買える株価ですが、明日には紙屑《かみくず》になりそうなものでは、誰も買う気にはなれないでしょう。株式の時価総額では、二年前の二四四〇億ドル（二四兆四〇〇〇億円）から二〇五億ドル（二兆五〇〇〇億円）まで減って、九〇％というほとんどが吹き飛んで、一九三〇年代の大恐慌をしのぐ暴落となったのです。全米一の銀行が、ですよ。従業員は一年前に三七万五〇〇〇人だったのが、すでに七万五〇〇〇人がレイオフされて、三〇万人になっていました。

　こうして、その二日後の十一月二十三日、アメリカ政府が二兆円にのぼる巨額資金注入と、三〇兆円の保証を決定し、事実上、完全崩壊（倒産）したシティグループは、病院のベッドで生命維持装置をつけた状態に置かれました。その後、シティの心臓は少し動いて、まだ生きていると言われましたが、株価が一〇ドルにも届かないうちにまた落ち始め、オバマ大統領就任から一ヶ月余りあとに一・〇二ドルへとさらに落下しました。アメリカは、今もって、次の大崩壊が起こるかどうかの崖っぷちに立っています。

再び申し上げますが、これら一連の救済がおこなわれた時点で、自由競争の原理は、痕《こん》跡《せき》もありません。アメリカの資本主義が崩壊し、「社会主義」となった。これが、明白な歴史的事実です。アメリカのメディアがいつ、その責任者を糾弾するかと見ていましたが、政府救済が発表される前日の二十二日に、〝ニューヨーク・タイムズ〟が「次々に資産価値を書き換えるシティグループ」を鋭く批判し、その経営崩壊を招いた責任者は、ロバート・ルービンである、とはっきり書きました。手遅れの批判だと思いましたが、ようやく最大の黒幕を名指しで攻撃したことは、重要な動きです。

金融崩壊が始まった二〇〇八年に、アメリカという国家は一体どれほど救済資金を注入したり、準備したか？　それでどれほど事態が好転したか？　それをまとめると、次のようになります。

【救済された金融機関】	二〇〇八年の時期	金額
ベア・スターンズ	三月	二九〇億ドル
金融市場	五月	四〇〇億ドル
ファニー・メイ、フレディー・マック	九月七日	二〇〇〇億ドル
AIG	九月十六日	八五〇億ドル
	十月九日	三七八億ドル
	十一月十日	二七〇億ドル　総額一五〇〇億ドル
金融安定化策	九月二十一日	七〇〇〇億ドル（十月三日議会承認）
銀行と証券業界救済		三兆ドルを準備
シティグループ	十月	二五〇億ドル
	十一月二十三日	二〇〇億ドル（三〇〇〇億ドル保証）
ローン証券買い上げ	十一月二十五日	八〇〇〇億ドル

これでもまだ足りない。ビッグスリーが議会に要請していた三兆円の緊急救済資金が残っていたからです。実際にはそれでもビッグスリーは再建できず、一〇兆円以上が必要だと見られています。窮地にあるそれぞれの州政府も救済に一五兆円が必要だとされます。一体これらのほぼ五兆二〇〇〇億ドル（五二〇兆円）もの大金は、どこから出てくるのか？

アメリカの国家予算は、一体いくらでしょうか。二〇〇八年度（二〇〇七年十月～二〇〇八年九月）に二兆五四七六億ドルの歳入、二兆九五五〇億ドルの歳出で、四〇七四億ドル（四〇兆円）の大赤字だったのです。この年末公表値が、オバマ就任直前には四五兆円の赤字に書き換えられました。ざっと二六〇兆円の収入があり、ちょうどその予算の二倍規模の金が、救済資金として必要だというわけです。ＦＲＢ議長のバーナンキが金融界に一兆五〇〇〇億ドル以上の融資と、一兆五〇〇〇億ドルの債務保証をおこなう方針を打ち出した合計三兆ドルが、具体化された救済資金とダブってくるでしょうから、ごく控えめにこの半分としても、緊急対策だけで一年分の予算をひねり出す必要があります。

財務省とＦＲＢが、巨額の救済資金を投入するたびに、投資家と国民は安心するのではなく、あべこべに、ますます疑惑はふくらんでいったのです。「よほどひどい状態になっているに違いない。国家は大丈夫なのか……」と。

また投資家は、「政府がシティグループの優先株を持てば、その分だけ、おれたち投資家の配当が減るわけだ」とも考えました。

十一月二十五日には、全米で一七一の銀行が破綻直前の状態にあると判明しました。ここに、国民のかかえる借金という大問題が浮上してきました。国民は、住宅価格の値上がり分だけ、さらにクレジットカードで借り入れて買い物をしてきたからです。そのため、当初の住宅価格より大きな借金にふくれあがってしまったので、その借金を国民はどうするか？　これが現在巻き起こっている、世界最大の恐怖です。この国民の救済には、やはり国家予算に匹敵する二五〇兆円の穴埋め資金が必要だと見られています。

家計の全所得から、社会保険料や税金、ローンの支払いなどもろもろの経費を差し引いたあとに残る所得を、可処分所得と呼びます。要するに、自由に使える金です。アメリカ人の家計は今や、クレジットカードなどでの買い物という放漫な借金を続けたために、可処分所得を三割も上回る借金を負っているといいます。これは、返済不能の借金を意味します。シティグループは、このクレジットカードを大量に発行してきましたが、それが焦げついたことが、崩壊を加速させたのです。しかもこの消費者が、アメリカ経済の七割を動かしてきた主役なのです。買い物シーズンであるクリスマス商戦を迎えた年末になっても買い物をしないのではなく、買い物ができなくなったのです。それでもアメリカ人は食べ物を買って生きているのですから、大打撃を受けた小売業界の販売不振は主に、これまで無駄な買い物をしてきた分でしょう。

クリスマスには、クリスマス・キャロルが歌われるはずなのに、そこには、ショパンの葬送行進曲が流れる時代になったと、漫画が年末の町の風情を描きました。

さらに二〇〇八年十月には、新しい住宅の販売額が、前年からの一年間で四〇%も減少し、それにつれて住宅価格も下がって、この悪循環に火をつけました。

貸し手側は、住宅に投資した資金を回収しなければならないのですが、その大半が不良債権化して、借り手の多くが貧しい個人なので、貸しはがしも容易ではありません。抵当流れによって、年末には四五〇万人が家を失う運命に置かれ、オバマ新大統領は中流階級

ニューヨーク証券取引所の時価総額の変化

（ニューヨーク証券取引所の資料より）

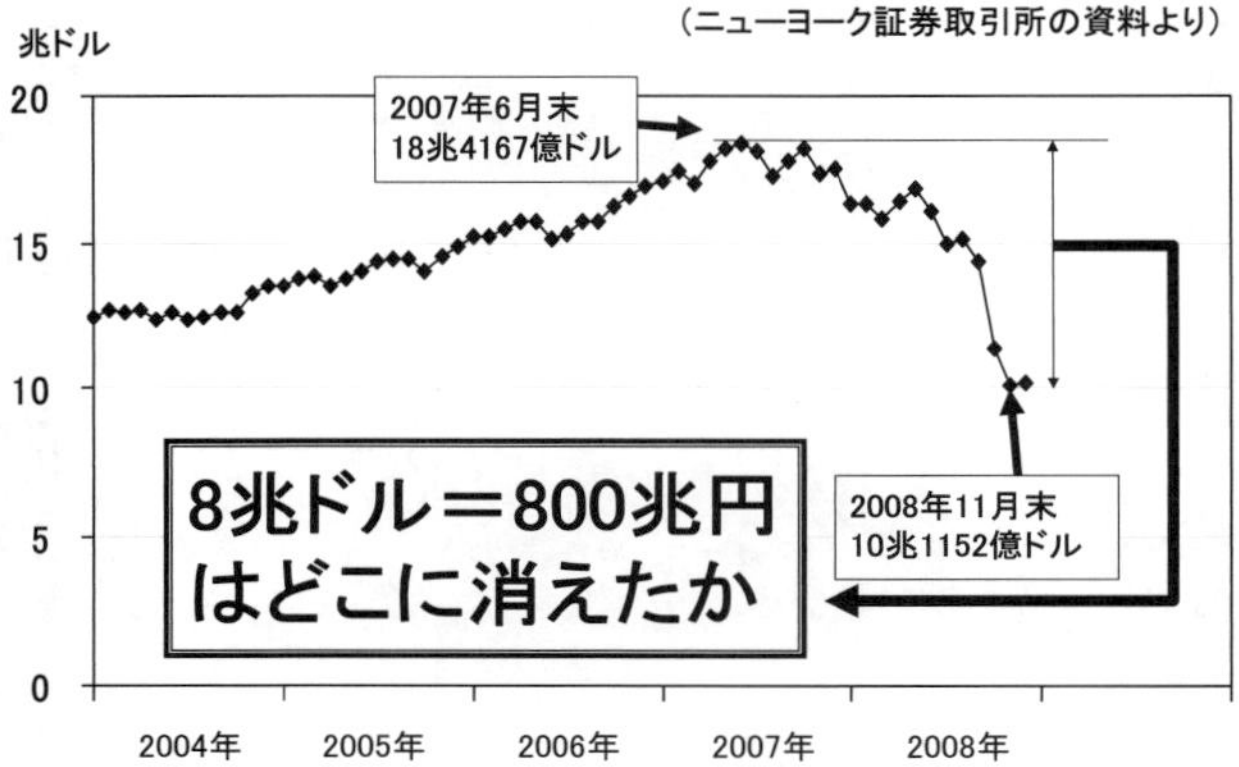

の生活の安定と貧困者救済を政策に掲げてきたので、貧乏人から家を取り上げてホームレスに追いやることは難しく、それを強行すれば暴動も起こりかねません。貸し手側は、もし個人から物件を取り上げることができたとしても、担保の住宅も値下がり一途に向かっているので、売るに売れず、さらに悲惨なことになります。今やアメリカ不動産市場では、あり得ないことのようですが、担保がマイナスになるとさえ言う人がいます。この住宅ローン債権が証券化されている部分は、金融商品となって、全世界に売りまくられました。このローンの全体は、金融界の当事者自身にも分らないほど大きく自己増殖して、借金が借金を追いかける構造になっ

ていました。そのため、一ヶ所の破綻による損失が、次々と第二、第三の破綻金額をふくらませる構造でした。ふくらんだ分だけ、金利のついた借金が借金を追いかけ、巨大なマイナスとなってはねかえってきたようですが、この負債がどこまで広がっているかを、いまだに誰も理解できないのです。

ウォール街では株価が急落したため、ニューヨーク証券取引所の時価総額が、二〇〇七年六月末のピーク一八兆四一六七億ドルから、二〇〇八年十一月末の一〇兆一一五二億ドルまで落ちて、差額八兆三〇〇〇億ドル（八三〇兆円）が吹き飛んだ計算になります。

証券取引所の時価総額は、国際取引所連盟（WFE）が公表している数値と、それぞれの証券取引所が公表している数値の二種類がありますが、WFEの数字は、国内企業だけのものなので、ニューヨーク証券取引所（NYSE）の時価総額より一割ほど小さくなっています。ですから、ここではNYSEの数字でグラフを描きました。

八三〇兆円という大金は、どこに消えたのでしょうか。

二〇〇七年にヘッジファンド業界で三七億ドル（三七〇〇億円）という収入を記録し、第二位のジョージ・ソロスを抜いてトップとなったジョン・ポールソンは、もともと不動産でかせいできて、不動産の下落を予知して売り逃げた賢い男です。この一年で六〇億ドル（六〇〇〇億円）も増やして、二八〇億ドル（二兆八〇〇〇億円）の資産を握っています。

算数で考えれば、大金をポケットに入れたこのような人間が、もう一度それを株式市場に出せば、元通りに戻るはずなのですが、それはどこに隠れているのでしょう。

リーマン・ブラザーズと国際金融マフィア

破綻してこの世から消えたリーマン・ブラザーズについて説明します。破綻した会社なんか、もう関係ないと思うと大間違いです。日本のエコノミストや報道記者たちは、ごく短い期間の新しい出来事を比較・分析することがニュース性を高めると信じているために、長い歴史を知らずに、実際に起こっている出来事の真相を見誤って私たちに伝えることがしばしば起こります。これからの世界金融を動かすのが、脈々と生き続ける国際金融マフィアの世界なので、きちんと理解しておいてください。

二〇〇八年九月十五日にリーマン・ブラザーズが破綻しました。最大の責任は、サブプライム・ローンをはじめとする、不動産関連の証券を売りまくった最高経営責任者ＣＥＯ

のリチャード・ファルド（Richard Fuld）にあります。彼は、ニューヨーク連邦準備銀行理事と、世界経済フォーラム・ビジネス協議会の幹部をつとめてきました。連銀という、国家財政の最高監督者にあった人物が、悪辣《あくらつ》な放漫経営によって、全米の金融崩壊の引き金をひいたのです。

破綻の前年、二〇〇七年の報酬は四五〇〇万ドル（四五億円）にもなります。一九九四年からのCEO在職期間に四億九〇〇〇万ドル、ほぼ五〇〇億円をかせいで逃げた男がファルドです。彼はユダヤ人なので、ドイツ・フランクフルトのユダヤ人の歴史的記録（"Stammbuch der Frankfurter Juden" by Dietz）を調べてみると、フルド家（Fuld）は産業革命時代からヨーロッパのユダヤ金融ファミリーであったことが分ります。これからの話は、いかがわしいユダヤ陰謀史観と混同しないよう注意が必要です。

この記録は、ユダヤ人の歴史を一家族ずつ正確にたど

リチャード・ファルド　AP Images

Great Moments in Wall Street History
Lehman Brothers CEO Richard Fuld
Punched Out by Employee in Company Gym
As Firm Goes Bankrupt*
LEHMAN FAILS!
*Actually happened. Many witnesses but no photographs so far. This is an artist's rendering, presented for instructional purposes only...
DANZIGER
NYTS/CWS Oct 8 08 (3758)

パンチをくらうファルド。2008年10月8日。
Jeff Danziger, NYTSyndicate, New York

った大変に貴重な古書（一九〇七年発行）で、私が外国の古書オークションで落札したものなので、おそらく日本にはほかにないと思いますが、残念ながらそのフルド家の末裔《まつえい》と思われるファルド自身のルーツは不明でした。彼は、リーマンが連邦破産法十一条を申請して破綻した直後に、社内のジムで社員からパンチをくらって、全米から「強欲な者（Greed!）」と囂々《ごうごう》たる非難を浴びましたが、破綻する二十二年前の一九八六年に書かれた『ウォール街の強欲と栄光――リーマンの没落』（ケン・オーレッタ著）の書名と内容が、ぴたりとあてはまる人物であったわけです。

リーマン一族は、もとドイツ系ユダヤ人のレーマン家が十九世紀にアメリカに移住したのが始まりです。南北戦争前の一八五〇年、南部アラバマ州にヘンリー、エマニュエル、マイヤー・レーマン三兄弟が設立した綿花取引会社が、のちのリーマン・ブラザーズの濫《らん》觴《しょう》です。黒人奴隷を酷使した綿花で成長したあと、親族のアメリカ・ロスチャイルド家の金融力で大手証券会社となりました。つまり、世に国際金融マフィアと呼ばれる、そのリーダー的な存在となっていったのです。

『ウォール街の強欲と栄光』の表紙

九六頁に示したリーマン一族の系図にあるように、全米一の金融王J・P・モルガンと並ぶユダヤ金融巨頭としてウォール街に君臨したジェイコブ・ヘンリー・シフは、レーマン家の近親者であり、日露戦争で日本の高橋是清に戦争資金を提供した超大物として、日本でもよく知られています。第一次世界大戦後の一九一八年に雑誌〝フォーブス〟が最初の全米富豪リスト（上位三〇人）を発表した

AP Images

攻商アーマンド・ハマーの
オクシデンタル石油副社長
上院議員・原子力委員
\lbert Arnold Gore ── ★副大統領アルバート・ゴア
Albert Arnold Gore Jr ── Karenna Gore
リーマンブラザーズ・
クーンレーブ重役

クーン・レーブ商会パートナー
John Mortimer Schiff ── David Tevele Schiff ── Andrew Newman Schiff

)onald S. Stralem
Jean Ickelheimerer

系図の読み方

父 母 ── 兄弟姉妹 本人
本人 配偶者 ── 子供 子供

全米一の資産家コーネリアス・
ヴァンダービルトの直系子孫
Wendy Vanderbilt
)rin Lehman

★ リーマン一族の重要人物

ウォール街犯罪を始末する黒幕
マンハッタン地方裁判所の判事
ロバート・モルゲンソー
Robert Morris Morgenthau
⇧

1991年７月５日にイスラム銀行ＢＣＣＩを閉鎖させたニューヨーク検事長。
のちにマンハッタン地裁判事としてＢＣＣＩを裁く。
クリントン大統領夫妻のホワイトウォーター・スキャンダルに介入。

リーマン・ブラザーズ創業一族の系図

1850年にドイツ移民のHenry, Emanuel, Mayer のLehman（レーマン）兄弟が
綿花取引会社としてアラバマ州にリーマン・ブラザーズを設立。
黒人奴隷による綿花取引きで成長し、
親族のアメリカ・ロスチャイルド家の金融力で大手証券会社となる。
2008年９月15日に破綻してリーマン・ブラザーズの歴史に幕を閉じる。

フランクフルト出の一族
★Ｊ・Ｐ・モルガンと並ぶ金融王
ジェイコブ・ヘンリー・シフ
Jacob Henry Schiff — Mortimer Leo Schiff

Adéle G. Neustadt
Edithe Alice Neustadt

リーマンBros創業者
Henry Lehman — リーマンBrosパートナー Meyer H. Lehman
Casimer Ignace Stralem
Henry R. Ickelheimer

リーマンBros創業者
Emanuel Lehman
- リーマンBros社長 Philip Lehman
  - Pauline Lehman
  - ★一族最後の経営者 リーマンBrosパートナー ロバート・リーマン Robert Lehman
- Harriet Lehman

リーマンBros創業者
Mayer Lehman
- リーマンBrosパートナー Sigmund Mayer Lehman
  - （Harriet Lehman と）リーマンBrosパートナー 1885- Allan S. Lehman
- リーマンBrosパートナー ★ニューヨーク州知事 Herbert Henry Lehman
- Settie Lehman（Morris Fatman と）
  - Elinor Fatman
- リーマンBros社長 Arthur Lehman

★ルーズヴェルト政権財務
ヘンリー・モルゲンソー
Henry Morgenthau Jr

【後記】
ロスチャイルド家の全ユダヤ金融系図へ

時に、ロックフェラー、カーネギー、モルガン、フォード、ヴァンダービルト、ハリマン、アスター、グッゲンハイム、イーストマン、デュポンら、歴史上の最大富豪の財閥らに伍《ご》してリストに名を連ねたのが、シフです。ここに挙げられた富豪たちは、現在のはかない〝フォーブス〟富豪とは、話の桁が違って、アメリカの近代産業の礎《いしずえ》を築いて、ワシントン大統領やリンカーン大統領たちと同じほどその名が轟《とどろ》く存在です。

そのシフの経営したのが、ユダヤ金融の総本山となったマーチャント・バンカー（投資銀行）のクーン・レーブ商会で、のちにこれがリーマンと合併して、リーマン・ブラザーズ・クーン・レーブとなります。その重役デヴィッド・シフの息子と結婚したのが、クリントン政権の副大統領アルバート・ゴアの娘でした。このような投資の世界が、さきほどの天候デリバティブに結びついています。

リーマン一族のもう一人の大物は、第二次世界大戦中のフランクリン・ルーズヴェルト政権の財務長官として世界一の軍事費を動かしたヘンリー・モルゲンソーで、妻がリーマン家の直系でした。その息子ロバート・モルゲンソーは、マンハッタン地方裁判所の判事となり、ウォール街の犯罪をうまく始末する黒幕として絶大な権力を握って、先年まで、いかがわしい事件には必ず登場しました。全米一の資産家となった鉄道王コーネリアス・ヴァンダービルトの直系子孫も、リーマンと結婚しています。

このように、政界でも、金融界でも、司法界でも、絶大な実力者を閨閥《けいばつ》に持つ強大な金融ファミリーがリーマン・ブラザーズでした。経営一族のロバート・リーマンが一九六九年に死去して、同族経営が幕を閉じた年にリーマン・ブラザーズに入社したのが、リチャード・ファルドでした。その後は、ニクソン政権の商務長官だったピーター・ピーターソンが一九七三年からリーマン・ブラザーズ会長となり、一九八五年にはピーターソンが企業の買収・合併を専門とするブラックストーン・グループを設立してウォール街の長者として上位にのしあがり、二〇〇三年にはFRBの人選委員会委員長の権力を握って、ニューヨーク連銀総裁にティモシー・ガイトナーを選び出したのです。

驚きませんか。オバマ新政権の財務長官に就任したのが、このガイトナーなのです。しかも前述のようにニューヨーク連銀で理事だったのが、強欲リチャード・ファルドです。この〝輝かしい〟船出をしたオバマ新政権については、あとでまとめて論じましょう。

リーマン・ブラザーズ幹部だった何人かの要人を紹介しておきます。

◇最高幹部ジェフリー・ガーテン（商務次官→ＣＩＡ。一九九一年にＣＩＡが出した『西暦二〇〇〇年の日本』で日本人の陰謀史観を警告するという内容の危険なレポートの執筆者の一人）。
◇幹部リチャード・ホルブルック（クリントン大統領がボスニア和平工作のために派遣した国務省外交官。クリントンの選挙参謀だったフランス大使パメラ・ハリマンを私生活のなかでエスコートしていた男。ジミー・カーターを大統領にした黒幕）。
◇重役ブレント・スコウクロフト（キッシンジャー・アソシエーツ副会長。父ブッシュ政権の国家安全保障担当大統領補佐官。一九九九年のユーゴ内戦では、地上軍を派遣せよと発言した危険人物）。
こうした人材を抱えてきたのがリーマンです。二〇〇二年には、必ず値上がりすると分っている割のいい新規上場株の売り出しを、バンカーたちがまず大物投資家に紹介してやり、投資家がその見返りに、これらバンカーに大きなビジネス取引きをプレゼントする犯罪（いわゆるボイラー室犯罪）でクレディ・スイス・ファースト・ボストンやメリル・リンチと共に巨額の罰金支払いを命ぜられました。リーマンの金融腐敗は今に始まったことではありません。

では、ここまで述べてきたような壮大な金融腐敗を、大金持から貧乏人までアメリカ社会全体が受け入れた社会的な制度は、どこに欠陥があったのでしょうか。

グラス・スティーガル法骨抜きによる全米の投機熱

アメリカではすでに言われていることですが、日本のテレビ、新聞が何も言っていない重大なこと、それは、金融損害を全土に拡大した原因が、「銀行と証券会社を分離しなければならない」と定めたグラス・スティーガル法が骨抜きにされ、事実上撤廃されたことにあります。この法律は、一九二九年の暗黒の木曜日によって投資家から失われた信頼を取り戻すため、証券法に続いて、一九三三年六月に施行された銀行法で、ここで銀行と証券会社の兼業が禁止されました。その法の制定を主導した二人の議員の名からグラス・スティーガル法と呼ばれています。この法により、全米一の金融帝国「モルガン商会」から分離されて生まれたのが、投資銀行モルガン・スタンレーでした。ところが……

クリントン政権末期の一九九九年十一月十二日、この「銀行と証券会社の兼業禁止」という重要な法律を六十六年ぶりに撤廃する金融サービス近代化法（Financial Services Modernization Act）を発効させ、金融腐敗を助長したのが財務長官ロバート・ルービンと、その部下として財務副長官をつとめていたローレンス・サマーズ、彼らと組んだＦＲＢ議長アラン・グリーンスパンたちウォール街の監督者でした。監督して規制すべきこの三人が、自ら規制の枠を取っぱらって、ウォール街の暴れ馬が好きなように利益追求に向かって走り出すよう、馬の尻に思いっ切り鞭《むち》をくれたのです。

これは、日本のエコノミストや報道記者たちがその重大さにまったく気づいていないようですが、世紀の大事件でした。先に紹介した拙著『世界金融戦争』にその経過をくわしく書きましたが、これがとんでもないバブルを招きました。ヘッジファンドの王様ジョージ・ソロスは、これを「自分の生涯で最大のスーパーバブル」と呼んでいますが、その通りです。

なぜなら、アメリカ人大衆の莫大な金は、たとえ投機や投資にまったく縁がない貧乏人の金であっても、預金が商業銀行に入るばかりでなく、クレジットカードやさまざまな形で、普通の商業銀行の門をくぐって、通り抜けます。それを預かるバンカーたちが、投資をおこなってよいというのが、ルービンとグリーンスパンたちの生み出した新システムです。したがって全米に満ちあふれるすべての金が、商業銀行を経由して、ウォール街の投資業界に流れこむ仕組みができました。そればかりでなく、商業銀行が投資業界に進出してきたため、この巨大なマンモス資本に対抗するため、証券会社もまた、自らヘッジファンドとなって、ハイリスク～ハイリターンの最も危険な道になだれこんでゆきました。

こうなると、銀行界と証券界の利益争奪戦になりますから、それまで敬遠していた配当率の高いハイリスク～ハイリターンのヘッジファンドのような投機業界さえも、バンカーにとって、ライバルを倒すための魅力的な投資先に見えたのも当然です。金融界は、業界をあげて投機屋へと化けてゆきました。おそろしく危険なメカニズムが国家ぐるみで動き出したわけです。

国民もまた、これに追随しました。その結果、何が起こったでしょう。

次頁の〝ニューヨーク・タイムズ〟の漫画が描いたように、老人や身体障害者が、自分の大事な年金など、なけなしの生活資金や財産を「国営ギャンブル」に投げこんだのです。この風刺画では、アメリカ国民の愚かさが、悲哀を感じさせない愉快げな姿で悪魔的に描

国営ギャンブル。2008年10月28日。

かれていますが、無知な大衆をそのように仕向け、老人や身体障害者の財産までもゼロに追いこんだ国家の金融監督官の犯罪は、きわめて重大です。

さらにこの投機熱のもたらした、もう一つの重大な結果がありました。

ぐんぐん広がった貧富の差

グラス・スティーガル法が消えた翌年、二〇〇〇年には、アメリカの最上位の富裕層を占めるたった一%の人間が、全米の富の二〇%を占めてしまいました。国民の半分を占める下層六四〇〇万世帯の総計が、全米の富の一三%でしたから、

アメリカでは、富裕層1%の人間が、国民の半分を占める下層の総計の二倍近くの資産を持っている

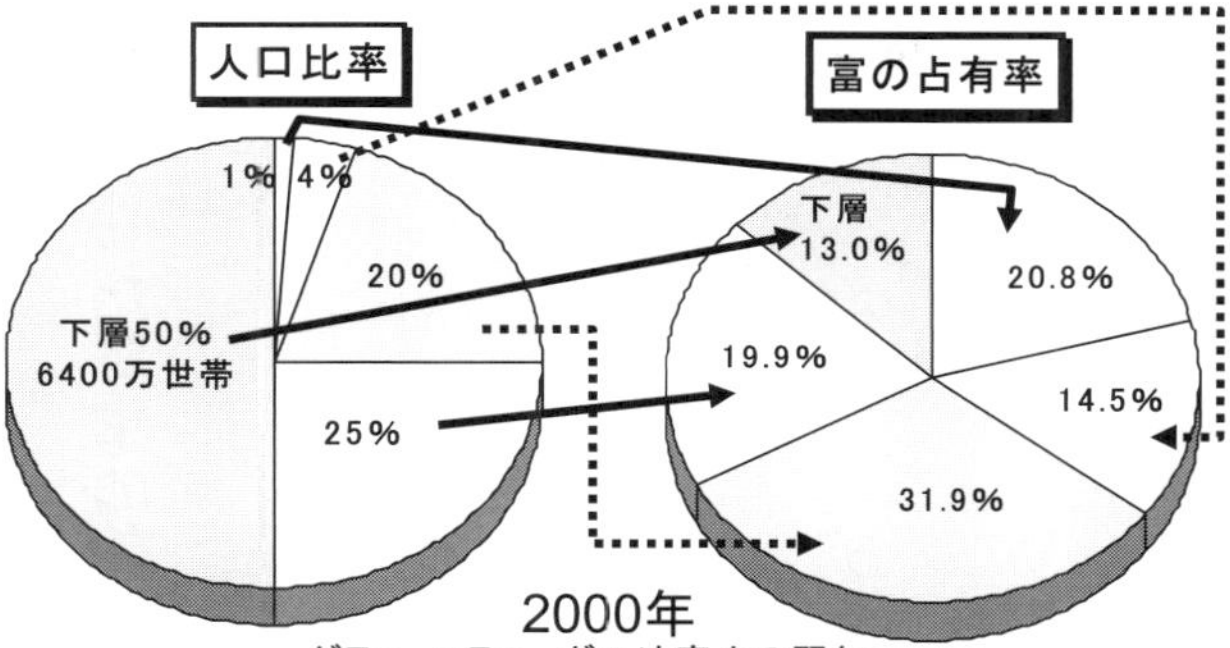

2000年
グラス・スティーガル法廃止の翌年
(アメリカ財務省統計より)

その二倍近くの資産を持つ、というすさまじい貧富の差が生まれました。

さらに最上位の富裕層を人口五%まで数えると、その合計資産は全米の富の三五%を占めてしまいました。国民の大半を占める人口七五%の総資産が富の三三%であるのに対して、それより多い、ということになります。注意しなければならないのは、このように貧富の差が急拡大したのは、息子ブッシュ政権に入ってからではなく、その前のクリントン時代であったということです。

言い換えれば、ビル・クリントンという夫を操っていた、ファーストレディー、

上位1%グループが占める富の寡占率

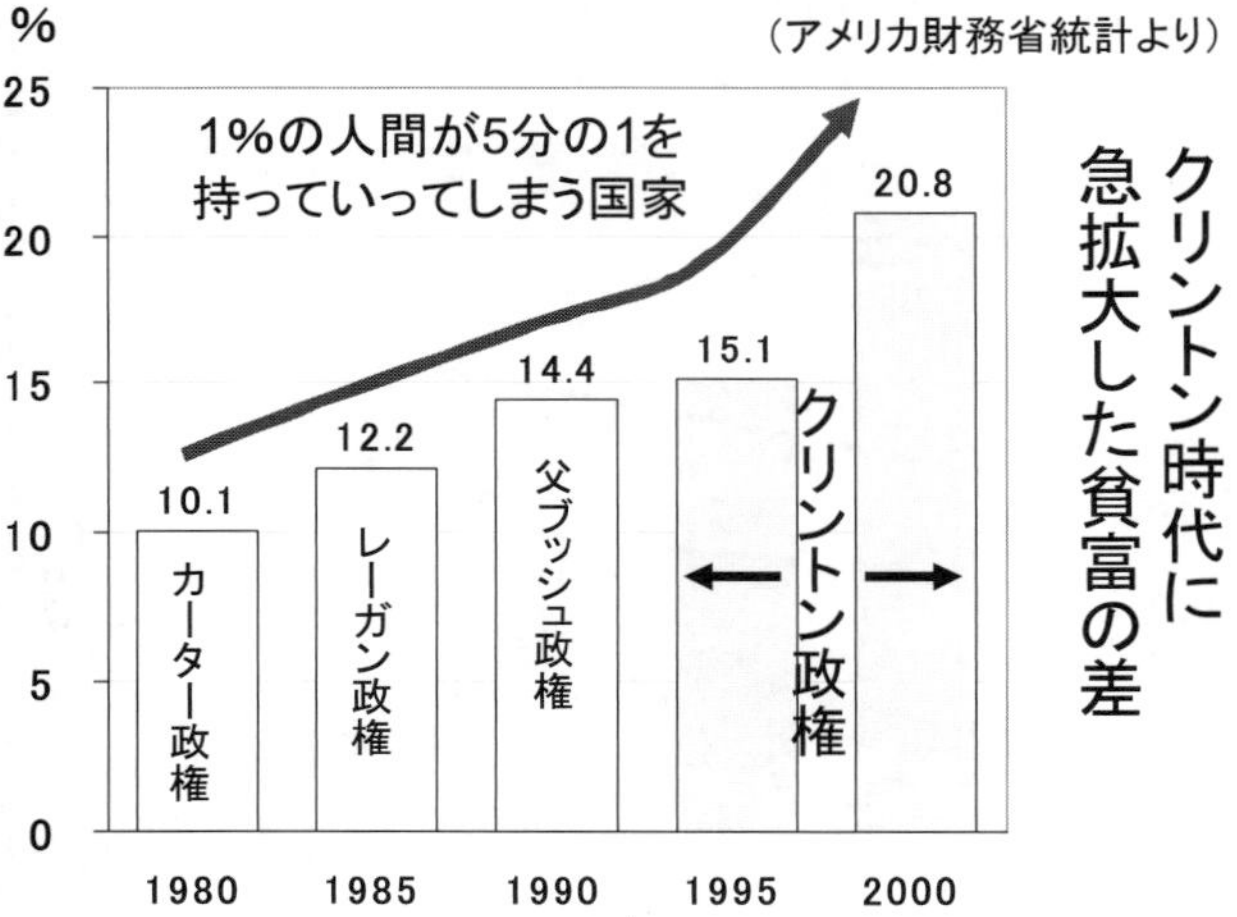

ヒラリー・クリントンの時代であったと言って間違いないでしょう。

こうして二〇〇〇年が幕を閉じると、翌二〇〇一年から、思考力に欠けると評判だった人物が、ホワイトハウスの主になりました。ブッシュは、大統領就任からほどなく、富裕層をさらに優遇する措置として、遺産相続税廃止の方針を打ち出し、これに民主党議員の四分の一以上が賛成したため法案が成立して、ますます貧富の差に拍車がかかりました。しかし九月十一日に、ウォール街の金融牙《が》城《じょう》である世界貿易センタービルが崩壊する未曾有の事件がニューヨークに襲いかかると、ブッシュがにわかに〝復讐《ふくしゅう》の最高司令官〟となって人気が急上昇し、地球上から、およそほとんどの理性・知性ある思考が消し去られました。

　この血みどろの時代に突入した二〇〇一年に、経済誌〝フォーブス〟の全米トップ富豪四〇〇人の資産合計は、九四六四億ドル、ほぼ一〇〇兆円にも達していたのです。その後の七年間で、この富豪四〇〇人の資産がさらに六二六五億ドル（六三兆円）も増えて、二〇〇八年の〝フォーブス〟の全米トップ四〇〇人の資産合計は一兆五七二九億ドル（一五七兆円）に達し、一人平均四〇〇〇億円、〆めて日本の国家予算の二倍という、アリスも驚くような不思議の国になりました。

世界貿易センタービルの崩壊。AP Images

〝フォーブス〟によるおおま

かな収入源の分類に従って、これら四〇〇人の内訳を調べてみると、うちヘッジファンドが二九人、レバレッジド・バイアウトが一九人（レバレッジとは、梃子《てこ》の作用という意味で、主に借金で企業買収をおこなうなど、小さな資産を梃子の原理を用いて大きく増やす投資金融グループをこう呼ぶ）、不動産が四〇人、投資家が四七人、遺産相続人が二〇人など、大量の不労所得者がいて、さらに彼らを支援する銀行家が九人もいることになります。

この四〇〇人の大富豪の一人が、ほかならぬ二〇〇八年の大統領選挙でバラク・オバマの全国資金集めの会長として金庫番をつとめ、インターネットを駆使して若者たちから小銭を集め、ついに巨大資金をつくってオバマの勝利を導いた女性実業家ペニー・プリッツカーでした。プリッツカー家は、ハイアット・ホテルからカジノまで、コングロマリットを経営して、〝フォーブス〟富豪の常連を一六人も生み出してきた超リッチファミリーとして有名ですが、もとはウクライナから移住したユダヤ人の子エイブラム・プリッツカーが、シカゴを拠点に不動産投資に進出して莫大な利益をかせいだのがスタートでした。しかも手にした利益は、財閥の遺産相続によく使われる手口ですが、トラスト（基金）としてバーミューダなどのタックスへイヴンで運用して巧みに納税を免れながら、肥えてゆきました。

エイブラムの三人の息子ジェイ、ロバート、ドナルドが事業を引き継いでファミリー・ビジネスを拡大し、一九五七年にはサンフランシスコのハイアット・ホテルを買収し、さらに数々の製造業を設立してコングロマリットを生み出し、巨大なマーモン・グループを形成して、材木から、鉄道貨車、レジャー産業などに事業を展開してきました。二〇〇七年のクリスマスには、ビル・ゲイツと資産トップを争う投資家ウォーレン・バフェットの経営するバークシャー・ハサウェイが、このマーモン・グループの六〇%をプリッツカー一族から四五億ドルで買い取ると発表しました。

のちに登場するように、オバマが大統領選挙の勝利後に発足させた政権移行経済顧問委員会という最重要メンバーに名を連ねた一人がバフェットです。同時に彼は、リーマン破綻による金融不安のためゴールドマン・サックスが経営危機に追いつめられた時、ゴールドマンの増資計画に資金を送りこむ約束をした五兆円の資産家でもあります。オバマを取り巻く勢力が、次第に輪郭から浮かびあがってきます。

初め、100の富を100人で分け合った時
その後の1人当たり平均の富の増え方は

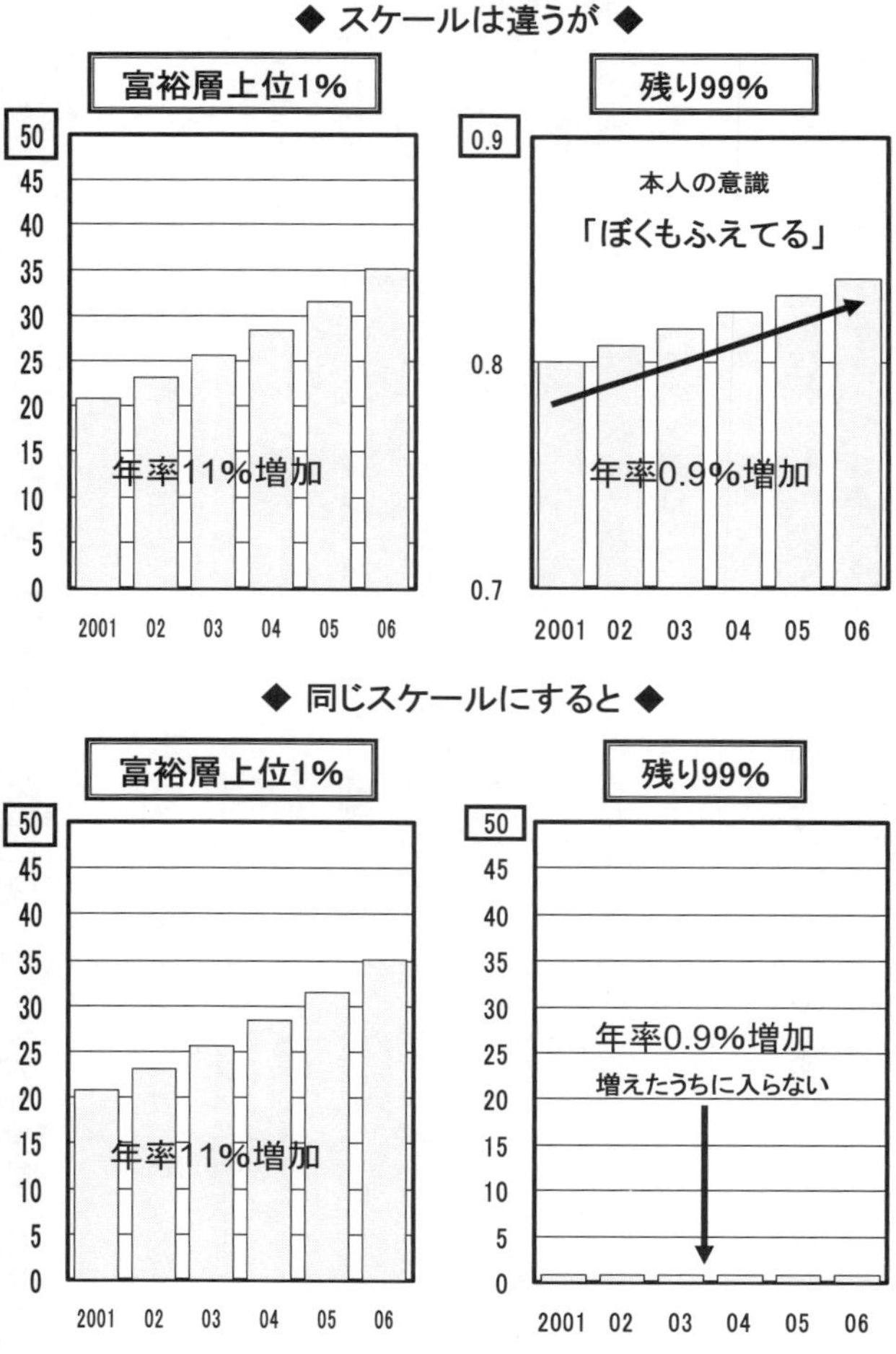

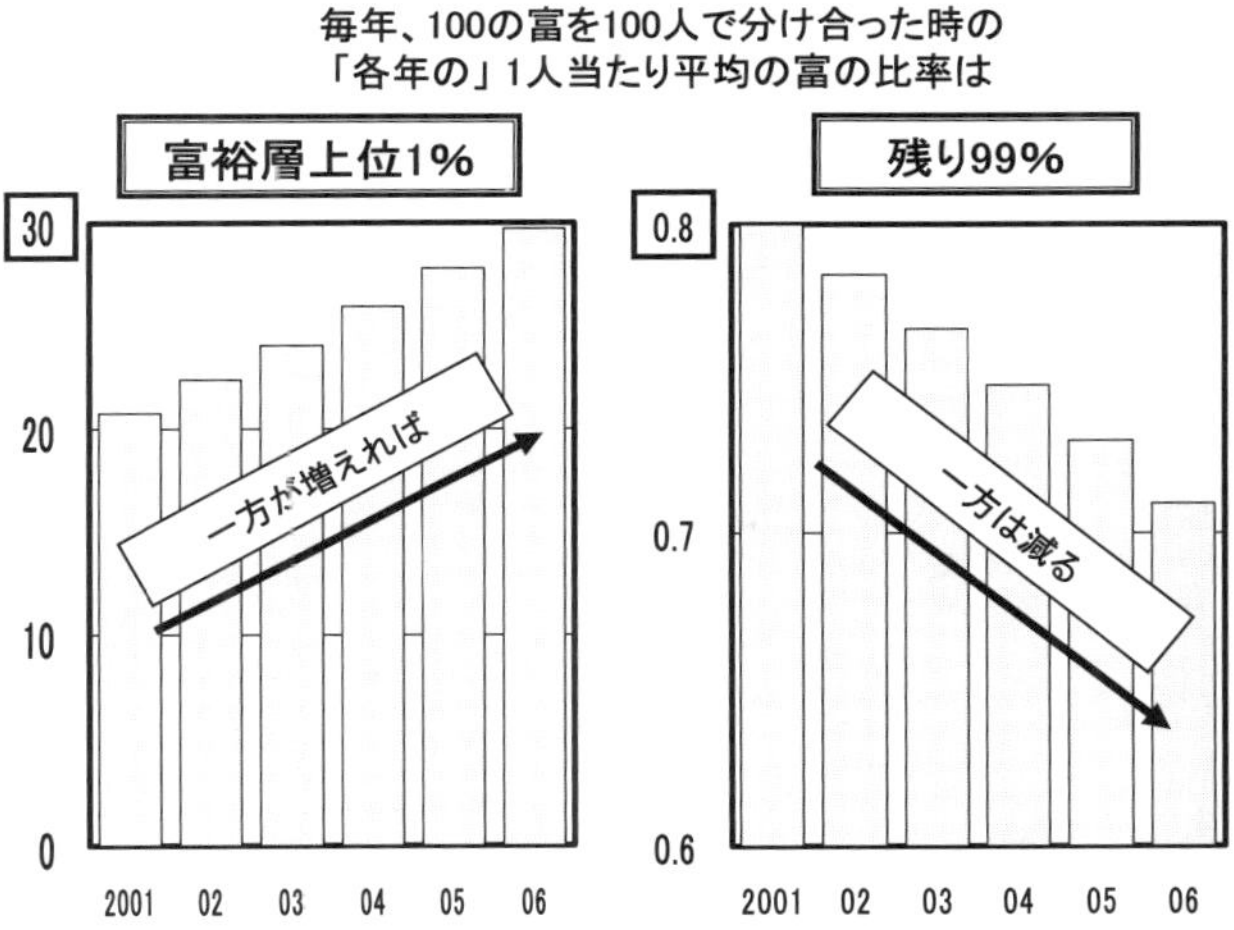

新自由主義の現象

さて、ここに疑問があるので、その謎を解かなければなりません。国民の誰もが投機熱に浮かされたなら、住宅価格がうなぎのぼりに上昇し、経済成長が続いているあいだは、すべてのアメリカ国民の所得が増えたはずです。ではなぜ、これほどまでに貧富の差が広がったのでしょう。実は、ブッシュ政権の二〇〇二〜二〇〇六年のあいだに、超富裕層一％を占める所得上位家庭では、実質平均所得が年率一一％も上昇しました。一方、残り九九％の国民は、同じ期間に家計の伸び率が年率〇・九％でしかなかったからです。

ここに、日本でも同じように、貧乏人や中産階級がだまされるメカニズムがあるので、しっかり頭に入れておいてください。

全米の富の合計を一〇〇とします。初めに、一〇〇の富を一〇〇人で分け合った時、その後の一人当たり平均の富の増え方は、今の平均所得の伸び率で計算すると、富裕層一%と、残り九九%では、一一〇頁の上のグラフのようになります。

九九%の人間は、年率わずか〇・九%でも増えれば、「自分も増えている」と感じます。まあ、収入が減らなければ、さして文句を言わないのが人間というものです。しかし、富裕層一%と、残り九九%では、二枚のグラフの目盛のスケールがまったく違いますね。同じように上がったのではないから、これを同じスケールで描き直すと、九九%の人間では、下のグラフのようにその上昇が見えないほど小さいことが分ります。

では、初めだけ合計一〇〇の富を一〇〇人で分け合うのではなく、毎年、その年の合計一〇〇の富を一〇〇人で分け合うことにするとどうなるでしょう。

富裕層一%の人間は、初めの富が大きい上に、上昇率も大きいのですから、全米の富の中での占有率は、どんどん上がります。ところが残り九九%の人間では、富裕層に奪われた分だけ全米の富の割り当てが減ってゆきますから、当然、その年の取り分比率はぐんぐん減ってゆき、それを九九人で仲良く分け合えば、一人当たりの取り分比率もぐんぐん減ってゆきます。本人は「増えている」と感じていながら、国内ではますます貧乏人が貧乏になってゆきます。こうして広がるのが、貧富の差の原理です。

実にシンプルな経済原理です。これまで経済学者がこのことをきちんと警告してきたのでしょうか。

これは日本でも、経済発展著しい新興国と呼ばれてきたＢＲＩＣｓ（ブラジル Brazil、ロシア Russia、インド India、中国 China）でも、そのほかすべての世界各国でも、同じように進行している深刻な新自由主義の現象です。エコノミストや報道記者は、政治家の言い分を受け売りして、国全体の国内総生産（ＧＤＰ）を比較したり、経済成長率だけが国民生活の指標であるかのように、あるいは富裕層の増加や、平均値を取り上げて、経済発展の成果だと持ち上げてきました。すべての国で、貧富の差がエスカレートしていることには、目もくれません。

ほとんどの人間は、国内で生きているのです。その国内で、持つ者と持たざる者のあいだに相対的な差が生まれれば、持たざる者の生活苦は必ず大きくなります。日本でもここ何年か、大半の人間は「生活が苦しい。将来が不安だ。どうしたらいいのだ」と言っている一方で、政府と経済界とマスメディアが平然と「空前の好況が続く日本」と奇怪な経済指標を発表して、国民の感情を逆なでしてきた無神経さは、ここに原因があります。

この論争は、実は、今に始まったことではありません。産業革命とフランス革命の時代から、地球上には、それまでの封建社会とは違って、新たに産業によってもたらされる貧富の差が急速に広がりました。そのどん底の下層民の肉体労働者の怒りに対して、巨大資本家たちが主張したのは、「国内の強い企業が発展すれば、国全体の経済も発展してゆき、すべての国民が豊かになる」という詐術でした。いま私たちが見ているのは、この古い時代の歴史的な詐術の再現にすぎないのです。おっちょこちょいにも、この古典的な巨大資本家たちの主張を今になって大々的に取り入れたのが、マクロ経済主義を信奉するエセ学者たちです。その結果が、現在の日本のなれの果ての姿であり、また、アメリカで金融腐敗のにごった水を湧き出させた泉がそこにあるのです。

アメリカの中流階級の平均収入は二〇〇七年に六万ドル（六〇〇〇万円）でしたが、ヘッジファンドの上位二五人の経営者は、最低でもその六〇〇〇倍の三億六〇〇〇万ドル（三六〇億円）にもなり、彼らは、その五年前の二〇〇二年に比べて一八倍の収入を得ています。ヘッジファンドの上位五〇人まで数えて経営者の収入を合計すると、二九〇億ドル（二兆九〇〇〇億円）で、一人平均五八〇億円にもなりますが、これは、経営者トップだけの収入で、ファンド従業員の収入は入っていません。これらのヘッジファンドは、原油、小麦、銅などの価格を操作し、全世界から利益を吸い上げてきました。

では、誰がこのような世界を創り出したか、その実名を指摘する本編に入りましょう。

第二章　誰がこのような世界を創り出したか

最大の責任者は財務長官ロバート・ルービンとローレンス・サマーズ

スーパーバブルによる金融崩壊をもたらした最大の責任者の一人は、どのような面から見ても、財務長官ロバート・ルービンです。

彼がおこなった数々の行為の中で、まず第一の責任は、早くからシカゴ先物取引所理事、ニューヨーク先物取引所理事として、全米の先物取引を隆盛させたことにあります。先物取引は、英語でフューチュア（futures 未来）と呼ばれています。これは、将来の定められた日（たとえば一ヶ月後や二ヶ月後）に、穀物・原油などの特定の商品や、あるいは為替レートや株価などの経済指標を、定められた数量、定められた価格で売買することを、あらかじめ取引き契約することです。

つまり、将来の価格の上下を予想して、それに賭《か》けるギャンブルです。買値より値上がりしている場合はその分の差額を受け取り、値下がりしている場合はその分の差額を支払う仕組みになっています。しかしこれで、理解したと思ってはいけません。先物取引をしたことがない人から見れば、人間が生きてゆくのに、なぜこのような契約の必要があるのか、と疑問を抱くのが自然です。

その疑問を抱かないために、人類社会が狂ってきたのです。

じっと考えてみると、この取引きによって、何の意味もない行為が、「利益」を生み出す可能性が出てくることに気づきます。パチンコも宝くじも花札も競馬もロトも同じですが、それらは個人の悦楽や、ささやかな一攫千金《いっかくせんきん》の夢として、やりたい人がやればよい話で終ります。しかし先物取引は、ヤクザが賭場《とば》を開いて丁半博打《ちょうはんばくち》をおこなうのに似ています。しかもそのギャンブル場では、地球上の国家の命脈を左右する穀物価格や為替や株価、あるいは化学工業生産やトラック輸送、漁船、自動車などに、なくてはならない石油の値段が賭けられています。許されざる、とんでもない博打ではありませんか。

もう一歩先を考えてみると、どうしてこの連中が「もうかる」のだろうと、次の疑問が出てきます。通常のギャンブルは、ラスヴェガスやモナコのカジノであれ、宝くじであれパチンコであれ、百パーセント、

ロバート・ルービン
AP Images

経営者の胴元が利益を得られ、賭け事の好きな人間はトータルすると必ず損をする確率になっています。ですからそうした産業が成り立っています。しかし先物取引では、賭け事の取引きをおこなう当人のギャンブラーが利益を手にしてきました。それも、銀行金利をはるかに上回る法外な利益を短期間で得てきました。したがって、将来価格は、彼らギャンブラーの集団的な暗黙の合意のもとに形成されていると、断定してよいでしょう。

先物取引は、実際の商品取引業者には手の届かない世界で、ほとんどが投機業者によって支配されています。つまり、原油価格であれば、石油業者ではなく、大金を持つヘッジファンドなどの部外者が動かしてしまいます。そのため、商品の値段が彼らによって、不当につり上げられたり、暴落したりするのです。

このように、これまで人類の生活の必需品として存在しなかった架空の数字をやりとりして、無から有を生み出すのが、デリバティブと呼ばれる金融商品なのです。ですから、先物取引も、デリバティブのひとつです。これが、私の言う、砂漠に忽然《こつぜん》と現われるオアシスと同じ、金融界の蜃気楼です。

デリバティブ（derivative）とは、もともと化学用語で、ある化合物から別の化合物を生み出す誘導体のことですが、いまのスーパーバブルを生み出したマーケットでは、投機屋が他人の金を借りて、それをデリバティブと称する誘導架空商品のラベルをつけて、次々と転売することによって、実買価格とかけはなれた巨額のマネーがふくらみ続けて動き出す現象です。

この賭場には、一応、ルールがあります。債券や証券、原油・穀物などの商品や権利などを売買する人間が、将来の価格変動リスクをヘッジ（担保）するため（と称して）、売買資産の一定の割合（％）を証拠金として供託して、一定幅の価格変動リスクを他人に譲渡する一種の損害保険契約だと、説明されています。最後のところが、普通の人間には分らない部分で、実際にどのような契約がおこなわれるか私も知らないのですが、「価格の変動によって、これこれの利益が（あるいは損失が）出る」ということに賭けてみませんかと誘って、投資家から金を出させ、デリバティブのリスクに値段をつけ、転売する仕組みだと言ってよいでしょう。リスクの高いものには、高い利益率（リターン）が設定されます。

実際に、ヘッジファンドたちが、過去何年にもわたって、とてつもない利益率をあげてきた実績があります。そのため、銀行などの金融機関で資産運用をまかされる人間たちは、どうしても、一般庶民の年金基金などの貴重な生活財産を預かっているという重責を忘れて、ヘッジファンドたちのハイリスク～ハイリターンに投資して、資産を増やしたいという誘惑にかられます。危険性の高いものほど、高値のもうけが期待され、ギャンブラー同士のあいだで高額商品となって取引きされ、社会的には、投資業界に巨大なリスクを生み出す一方で、全世界の庶民生活をも大混乱に導いてきました。それが今回、はじけたのです。

ロバート・ルービンの第二の責任は、一九九〇年からゴールドマン・サックス共同会長に就任して、文字通り、投資銀行界の牛耳をとり、アメリカ国内の投機事業をますます盛んにしたことです。しかもそのウォール街の権力ポストに就くまでに、彼は二足のわらじをはいて、ウォール街の金融を規制する側の、証券取引委員会（SEC）の顧問と、連邦準備制度理事会（FRB）の国際資本市場顧問委員として、国家の規制を緩和する方向に誘導してきた張本人でもありました。まだまだあります。

第三は、ソ連崩壊後のロシアで、エリツィン大統領がルービンをロシア民営化の経済顧問に指名し、ロシアの投資ビジネスを委託したため、民営化にさしかかったロシア国内にルービンの息がかかった投機屋による泥棒行為が横行して、ロシア経済を大混乱に導いたことです。この当時、ヘッジファンドの王様ジョージ・ソロスが、窮地にあるエリツィン大統領に一億ドル（一〇〇億円）を寄付して金融界を驚愕《きようがく》させました。

第四は、一九九三〜九五年にクリントン政権の経済担当大統領補佐官、続いて九五年から財務長官に就任して、クリントン政権時代に貧富の差を急拡大しました。腐敗した巨大ヘッジファンド、ロングターム・キャピタル・マネージメント（ＬＴＣＭ、長期資産管理会社）が一九九八年に破綻した時、ルービンが金融投資業界を総動員して救済したため、借金を元手にしたヘッジファンドによる投機が規制されずに、その後も広大なバブル投機がウォール街にはびこったのです（後述）。

第五は、財務副長官のローレンス・サマーズと組んで、一九九九年に金融サービス近代化法を制定して、銀行と証券会社の兼業禁止（一九三三年のグラス・スティーガル法）を撤廃させて、商業銀行が投資家に証券を販売できるように改悪したこと。これが、第一章で述べたように、スーパーバブルの資金供給システムにとって最大のエンジンとなりました。

第六は、グラス・スティーガル法を廃止した直後、一九九九年にホワイトハウスを退任して、自らその甘い汁を吸うことができる全米最大の商業銀行シティグループに移籍し、莫大なストックオプションを獲得。この年から、サブプライム・ローン崩壊の恐慌が起こる二〇〇八年八月まで九年間、シティグループ経営委員会議長として実力トップの辣腕《らつわん》をふるい、サブプライム・ローンを中心とするハイリスクの金融商品にシティの最大の投資を求める経営方針を指令し続け、最後に二〇〇八年十一月、シティの経営破綻を招き、全米からシティグループ崩壊の責任者として非難を浴びました。

金融界とホワイトハウスのトップを渡り歩いて、これだけ露骨に、投機屋の後ろ楯《だて》となり、しかも自ら投機屋の代表的存在となった人間はいないでしょう。ルービンに対する批判が、シティグループ破綻のあとに初めてアメリカのメディアで書かれ、語られるようになったことは、私から見て、あまりに遅きに失した出来事で、本来はクリントン政権の財務長官に就任した時に、強く批判されるべきだったはずです。

次の責任者は、このルービンのもとで財務副長官を務め、ルービン退任後に財務長官となったローレンス・サマーズの〝サークル〟です。サマーズは史上最年少でハーヴァード

ポール・サミュエルソン
AP Images

ローレンス・サマーズ
AP Images

大学教授に就任したことを鼻にかけ、一九九一〜九三年には世界銀行のチーフエコノミスト、九三年から財務次官となって、一貫して自由貿易とグローバリズムの拡大を主張してきた人物です。

この男は、ケネディー大統領の経済顧問をつとめたノーベル経済学賞受賞者ポール・サミュエルソンの甥《おい》にあたります。このサミュエルソン理論の研究者であるハーヴァード大学経済学者ロバート・マートンと、スタンフォード大学のマイロン・ショールズも、一九九七年に共にノーベル経済学賞を受賞しています。ところがこのマートンとショールズが、巨大ヘッジファンドのLTCMの経営幹部となり、一九九八年に破綻して、ウォール街と投資家に空前の損害を与えました。

何と彼らは、投資家から集めた二二億ドルを担保に銀行から一二〇億ドルを借り入れ、それで証券を購入し、今度はそれを担保にデリバティブなどの投機金融契約に深入りしてゆき、契約総額は一兆二五〇〇億ドルにも達したのです。

わずか二二億ドル、それも自分のものではない金を元手に、一兆二五〇〇億ドルにまでふくらませて、最後には破綻、ゴールドマン・サックス、メリル・リンチ、Ｊ・Ｐ・モルガン、チェース・マンハッタン銀行、モルガン・スタンレー、トラヴェラーズ、ＵＢＳ（スイス・ユニオン銀行）など一四社の大手金融機関に一兆円の損害を与えたわけですから、この事件は、サブプライム・ローン破綻の予行演習だったと言ってよいでしょう。

なぜなら、この大被害を与えた張本人ロバート・マートンが、トラヴェラーズ・グループ（シティグループ傘下）の投資部門担当重役もつとめ、このノーベル経済学賞受賞者二人が理論的指導者となって進められたのが、二〇〇八年に恐慌の火を噴いたデリバティブとサブプライム・ローンだったからです。

十年前の一九九八年にＬＴＣＭが破綻した時点で、全米が、ヘッジファンドの借金のレバレッジ（梃子）の原理がどれほど自己増殖するかという危険性に気づいたはずなのに、クリントン政権のルービンとサマーズのコンビがそれをすべてもみ消したわけです。

ここまでのストーリーで、順を追って名前をまとめると、ルービン～サマーズ～サミュエルソン～マートン～再びルービン～サマーズという〝ノーベル経済学賞～金融崩壊サークル〟集団が、ホワイトハウスと金融界を腐敗させた元凶と言えます。ついでに申し上げておきますと、サマーズ財務長官の母アニタ・アローもエコノミストとして知られ、アニタの兄ケネス・アローもノーベル経済学賞の受賞者なのです。立派なファミリーで、さぞ高額のノーベル賞賞金を手にしたことでしょう。

あとで改めて述べますが、二〇〇八年十一月四日の大統領選挙後、オバマ次期大統領の政権移行経済顧問委員に就任して、次期政権の経済ブレーンを固める要職に就いたのが、このルービンとサマーズなのです！　しかもサマーズは、オバマ新政権の国家経済会議（NEC＝National Economic Council）委員長に任命され、崩壊したアメリカ経済の立て直しリーダーに就任したのです！　日本のどの新聞を見ても、「オバマ新政権は、経済に強く、実力ある経験者をそろえて経済崩壊に立ち向かう」というような、信じ難い美辞麗句が並んでいるので、私は、もはや日本のジャーナリズムは末期にあると感じています。サマーズの出世は、彼の頭脳がすぐれているからではなく、アルフレッド・ノーベルの子孫たちが、「ノーベル経済学賞などというものは、アルフレッド・ノーベルの遺書にはなかった。スウェーデン中央銀行が勝手に創設したものであり、ノーベル賞ではない。人類に貢献しない」と異議を申し立ててきたいかがわしい賞の威光を若い時から受けてきただけなのです。

では、ルービン財務長官がホワイトハウスから直行した最大の銀行シティグループとは、どのようにして誕生したのでしょうか。

シティグループの誕生と現在のアメリカ銀行界

シティグループの誕生物語は大変に長くなりますので、拙著『世界金融戦争』をお読み下さい。ここでは、シティグループが誕生するまでに、そこに参加した銀行やマーチャント・バンカー、証券会社、投資会社を、歴史的な図解で分りやすく示しておきます。なぜこれを説明するかといえば、これからのアメリカの投資業界がどこに向かうかを読むのに、この歴史を知らないと、予測できないからです。

図の左側にある、一八一二年創業のニューヨーク・シティー銀行がそのスタートですか

シティグループの主な細胞

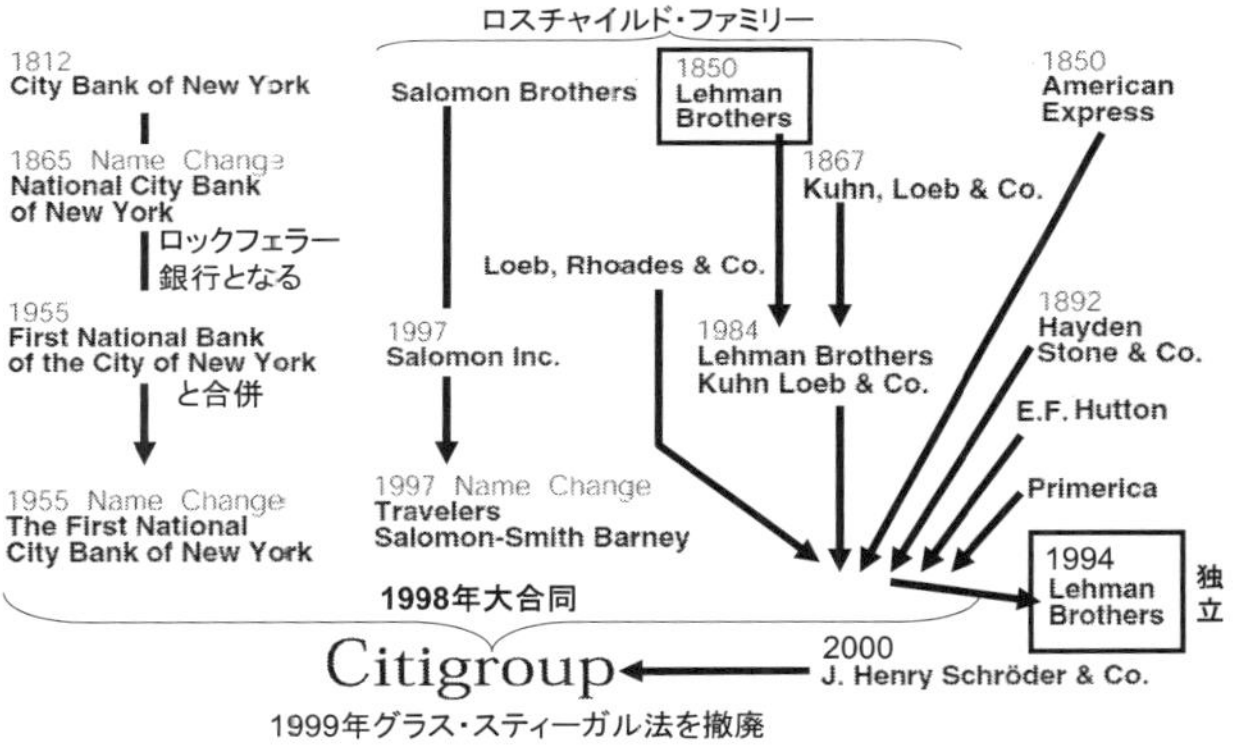

ら、なんとワシントン大統領が就任してまだ二十三年後、第四代マディソン大統領の時代に生まれた由緒ある銀行です。しかしそれが、南北戦争が終った一八六五年に、ニューヨーク・ナショナル・シティー銀行となり、このあと一八七〇年代に入ってロックフェラー兄弟の石油独占によるオイルブームが起こります。するとこの銀行頭取のジェームズ・スティルマンがロックフェラー一族となるのです。つまり、チェース・マンハッタン銀行と共に石油財閥の金庫として栄えてきたアメリカ保守本流の「クリスチャン系」商業銀行でした。

　しかし、その右側にあるような、ロスチャイルド金融財閥の「ユダヤ系」マーチャント・バンカーであるソロモン・ブラザーズ、リーマン・ブラザーズ、クーン・レーブ商会、レーブ・ローズなどが、トラヴェラーズらと共に合流し、さらにアメリカン・エクスプレスなども人間が合流したり分離しながら、複雑怪奇な形で一九九八年に大合同をなし遂げて生まれたのが、シティグループでした。投資ブローカーだったサンフォード・ワイルがシティバンクを乗っ取ったのが、そもそものこの大合同の原動力であり、シティグループには、この人物の出自の謎がつきまとっています。

この図でさえかなり略して描いてあるのですが、すでにこの時点で、膨大な数のマーチャント・バンカーがそこに呑みこまれ、シティグループ誕生の翌年にグラス・スティーガル法が撤廃されました。なんと都合よく、その年にルービンがシティグループに移籍したのですから、これは全米を支配できるよう完全に投機業界によって仕組まれた合併であることが明々白々でした。

ただ不思議なことに、リーマン・ブラザーズは、この大合同に参加せず、途中でスピンアウトする形で、独自の路線をとりました。

こうして次々と大量の投資銀行を抱えこんで、全米一（世界一）の「名目上の」商業銀行となったのが、ホワイトハウスと一体化したシティグループでした。つまりアメリカの国家そのものが、大統領公認のもとで、投機屋集団と化したのです。

ウォール街から証券会社は消えたのか

ウォール街では、二〇〇八年のリーマン・ショックのため、「投資銀行の時代は終った」と言われてきました。

確かに、二〇〇八年九月十五日にリーマン・ブラザーズが破綻すると共に、アメリカの五大証券会社がすべて消滅しました！

第一位　ゴールドマン・サックス　　二〇〇八年九月二十一日、銀行持ち株会社に移行すると発表、FRBの規制と保護を受ける銀行となる。

第二位　モルガン・スタンレー　　二〇〇八年九月二十一日、銀行持ち株会社に移行すると発表、FRBの規制と保護を受ける銀行となる。

第三位　メリル・リンチ　　二〇〇八年九月十五日、バンク・オブ・アメリカに買収される（二〇〇九年一月一日買収完了）。

第四位　リーマン・ブラザーズ　二〇〇八年九月十五日、破産申請。
第五位　ベア・スターンズ　二〇〇八年三月十六日、J・P・モルガン・チェース
　　　に買収される（五月三十日買収完了）。

このように、本当に、アメリカの五大証券会社がなくなってしまったのです。アメリカの証券会社がなくなれば、日本の証券会社はどうなるのでしょうか。四大証券のひとつ野村は、信じられないことに、まだリーマン・ブラザーズの損失額の実態さえ分らないというのにリーマン破綻直後にそのアジア・太平洋部門とヨーロッパ・中東部門を相次いで買収しました。どのような頭をしているのでしょうか。そして二〇〇八年九月中間連結決算で、純損益が一四九四億円の大幅赤字となりました。

シティグループに呑みこまれたかつての四大証券のひとつ日興證券は、シティグループが破綻の崖っぷちに追いつめられて、十二月十六日に日興シティ信託銀行を売却する方針を正式決定しました。四大証券のひとつ山一證券は、すでにバブル崩壊後に消滅して存在しません。

あと残っているのは、エビちゃんの大和証券だけのようです。「エビちゃん、アゲイン」

……アメリカ人はエビちゃんにかなわない。
おっと、早合点してはいけません。グラス・スティーガル法が撤廃されているのですよ。商業銀行が投機をおこなって一向にかまわないのです。銀行が証券会社の投資をおこなうだけで、ウォール街は何も変っていないのです。
これでも商業銀行か？
第一位　シティグループ　　ソロモン・スミス・バーニーなど大手投資銀行の巣窟《そうくつ》。
第二位　バンク・オブ・アメリカ　　メリル・リンチを買収。
第三位　J・P・モルガン・チェース　　ベア・スターンズを買収。
第四位　ワコビア　　プルーデンシャルなど大手証券部門を持つ。ウェルズ・ファーゴと合併へ。
第五位　ゴールドマン・サックス　　もともと投資銀行。
第六位　モルガン・スタンレー　　もともと投資銀行。
「投資銀行の時代は終った」などと、白々しい嘘を広めてはいけません。
さて、ルービンやサマーズのほかに、もっと大物のスーパーバブル責任者はいないのでしょうか？

断頭台に送られるグリーンスパン

全米でバブル崩壊の責任者として、ようやく今にして痛烈な批判を浴びているのが、アラン・グリーンスパンです。

一九八七年から二〇〇六年まで十八年以上も中央銀行である連邦準備制度理事会（ＦＲＢ）議長をつとめ、リーマン・ブラザーズのＣＥＯリチャード・ファルドたちと組んで、このような金融システムの腐敗を放任し、グラス・スティーガル法を骨抜きにした男、グリーンスパンこそ、最大の責任者であることに間違いはないでしょう。現在のヘッジファンドはおよそ一万を数え、政府当局からほとんど規制されないまま、全世界で事業を展開しています。

〝ニューヨーク・タイムズ〟の漫画は、どうしてこのように、私が感じていることを、巧みな描写で描いてくれるのでしょうか。この漫画のキャプションは、本書の結論そのもので、最高傑作です。

断頭台に送られるグリーンスパン。2008年10月27日。
© (2008) Pat Oliphant. Reprinted by permission of Atlantic Syndication/Universal Press Syndicate.

フランス革命時代の断頭台に送られるグリーンスパンが、言っています。
「わしは規制に反対してきたとも。そうだとも。だがわしは、強欲なウォール街の豚どもが、このように強欲なウォール街の豚のように行動するとは想像もしなかったんだ。ショックだ！　ショックだ！」と。

後ろ手にしばられたグリーンスパンが乗った囚人護送の馬車に向かって、群集（全米）が激怒のこぶしを振り上げ、「ようやく奴もお縄頂戴だ」といったような文句も見えますが、よく見ると、左端の間抜けのような小男が、「馬車に乗ってるのは誰だい」と尋ねています。大きな男が「アラン・グリーンスパンだ。奴がおれたちをこんな目にあわせたんだ」と答えて、「ところで、お前は誰だ」と訊《き》いています。この小男は、きっと、グリーンスパンを重用してきた、かの大統領ブッシュでしょう。そのやりとりを、まわりの男たちがギロリとにらみつけています。

この漫画家パット・オリファントの描写は、「グリーンスパン自身にも分っていたことが起こっただけだ。それをお前は野放しにしたんじゃないか」という怒りです。こう解説してしまうと、漫画の深い味わいが薄れますが、私が何年にもわたって日本の経済界に言いたかったことなのでお許しください。

すでに書いた通り、アメリカ不動産市場の大崩壊は、ファニー・メイ、フレディー・マックの崩壊と共に、私には分っていました。原油価格の暴騰後に、やがてくる五〇ドル割れの暴落も分っていました。ところがウォール街の〝強欲〟企業リーマン・ブラザーズが、経済誌〝フォーチュン〟では、二〇〇七年の「最も賞讃されるべき証券会社」(Most Admired Securities Firm)として「証券会社」の第一位にランクされていました。リーマンと同時に破綻して国有化された世界最大の保険会社ＡＩＧも、経済誌〝フォーブス〟では、二〇〇七年の「優良保険会社」として第一位にランクされていました。しかしＡＩＧは、二〇〇五年に会計不正が発覚して五億ドルの架空の損失引当金による粉飾決算と、保険・証券法違反の容疑でＳＥＣに摘発されていたのです。〝フォーブス〟富豪ランクの常連で、個人資産で三〇〇〇億円を超えるＣＥＯのモーリス・グリーンバーグが起訴されていたのではなかったのですか。

そのＡＩＧに救済資金が投入されるというのは、どうしても道理に合いません。これら税金による救済がおこなわれた直後に、重役たちが温泉やゴルフ、ハンティングなどの豪華旅行を楽しんでいたことが発覚してアメリカ国民があきれかえったのに、十一月十日にはＦＲＢと財務省がＡＩＧにまたもや救済資金の投入を発表し、総額が一五〇〇億ドル（一五兆円）に達しました。

すでに私は著書で、アメリカが崩壊していると何度も書いてきました。しかし、それを野放しにしたのです。誰が、とは尋ねません。

けれど、これからも、近い将来同じことがくり返されることは必至なので、本書が必要なのです。

グリーンスパンは、J・P・モルガン、モルガン・ギャランティー・トラスト、石油メジャーのモービル、アルミメーカーとして世界最大級のアルコアほか十五を超える大企業の重役だった男です。その人間が一九八七年にロナルド・レーガン大統領によって中央銀行総裁に任命され、以来グリーンスパンは金融行政のマエストロとして、ほかの人間の言葉を切り捨てる絶大な権力者になりました。それは、本人の能力による出世ではないのです。グリーンスパンを代表者に仕立て上げて、腐敗投機をおおっぴらに進めることができるよう仕組んだウォール街金融業者の集団的な戦略によるものでした。

ＦＲＢ議長就任直後に、史上最大の株価下落率二二％を記録するブラック・マンデーの大暴落を経て、異常な株価上昇が続くなか、金利調整策を次々と打ち出すグリーンスパンの手腕が絶讃されましたが、それは、とうに脱線しているはずのアメリカ経済が、超大国には抵抗できないという世界情勢の中でたまたま生き延びただけなのです。一九九九年にルービンらと組んでグラス・スティーガル法を廃止したのもグリーンスパンです。

翌二〇〇〇年に株価の下落が始まると、直ちに金利を引き下げて住宅価格の上昇を誘発したのは、最大のミスでした。二〇〇二年には、ＦＲＢが大手会計事務所の規制を拒んだために、ウォール街の大企業不正経理が続発して、やはりグリーンスパンのために株価が大暴落しました。銀行業界の監督者でありながら、規制強化に常に反対し続けたグリーンスパンは、デリバティブのもたらす収益増加を賞讃して、投機業者の後ろ楯となり、かくしてなんの規制もないサブプライム・ローンの融資を放置して、アメリカ経済を恐慌状態に陥らせたのです。

ジョージ・ソロスは、稀代《きだい》の悪漢ですが、あとで紹介するように群を抜いた策士です。しかしグリーンスパンとルービンは、策士としての能はなく、財界の代理人にすぎない男でした。

なぜ、このような人間が、アメリカの社会を牛耳るのでしょうか。

この世には〝国際殺人・泥棒クラブ〟というものがある

二〇〇一年の世界貿易センタービル崩壊事件（9・11事件）の一年あまり後に、〝ニューヨーク・タイムズ〟が、傑作漫画を掲載しました。

私はアメリカの漫画のすべてに共感しているのではありません。アメリカの漫画家の多

国際殺人・泥棒クラブ。2002年12月２日。
Jeff Danziger, NYTSyndicate, New York

くは、中東問題や中国問題については、アメリカ人的な偏見を有している場合が多く、それがアメリカ人の世論形成にもかなり影響しています。しかし一旦アメリカの国内問題になると、筆鋒鋭くいかなる人間も容赦せずに攻撃する痛快さがあります。なかでもこの二点の漫画は、同じ日に掲載されたもので、長いあいだアメリカ政界をコントロールしてきた国務長官ヘンリー・キッシンジャーの正体を痛烈に描いています。

これは、キッシンジャーが9・11事件の調査委員長に任命されたことを皮肉った作品で、右頁の作品は、〝国際殺人・泥棒クラブ〟に入ってくるシャーロック・ホーム

キッシンジャー混乱株式会社。2002年12月2日。

ズを気取ったキッシンジャーです。このクラブには、ギャング面をした面々がそろって、右端の軍服を着た男は、いかにも南米チリでキッシンジャーが企てたCIAクーデターによって独裁者に成り上がったピノチェトに見えます。その手前の地球儀にはナイフが突き刺さり、どこぞの首長はヌード雑誌に興じています。今日のメニューは〝イラク〟と書かれたその国際殺人・泥棒クラブで、ギャングどもが、「見ろよ、ヘンリーが変装しているぜ……懐かしい顔だな、キッシンジャーめ……あいつは前にここのメンバーだったはずだが……」と言っているのです。

もう一点の漫画は、訛《なま》りのある言葉で、キッシンジャーが「大統領閣下、よくいらっしゃいました。お手伝いできますよ」と迎え、その扉には、「キッシンジャー混乱株式会社」の表札があり、「問題を曖昧《あいまい》にする……事実を隠す……詐欺……秘密の爆撃……歴史の書き替えなどのコンサルティング引き受けます」と書かれています。左下の男は、「この際、この男にまさるナイスガイはいないぜ」とも言っています。

いずれも、キッシンジャーを持ち上げてきた日本のマスメディアに見せたい作品です。これら漫画のキャプションは、キッシンジャーについて私が三十年来調べてきたことでもあり、まったくの事実です。そしてキッシンジャーの旧友が、グリーンスパンでした。若い頃からの二人の交友を示す写真もあります。キッシンジャーの差し金で、グリーンスパンがFRBトップに就いたのでしょう。この世に実在する〝国際殺人・泥棒クラブ〟こそが、金融腐敗・金融崩壊のシンジケートだったわけです。

この項の最後にもう一人、そのクラブのメンバーを紹介しておきます。

リーマン・ショックに前後して、金融界に莫大な税金を投入した共和党ブッシュ政権の財務長官ヘンリー・ポールソンです。彼もまた、ゴールドマン・サックスのロバート・ルービンがシカゴ先物取引所理事として権勢を張っていた一九七四年に、ホワイトハウスから同じゴールドマン・サックスのシカゴ・オフィスに入った同僚で、一九九〇年からはルービン会長のもとで、投資銀行部門の最高経営責任者となって、まったく同じ容れ物の中で過ごしてきた男です。この両人が民主党と共和党の、敵対するはずの財務長官となったのですから、ここにアメリカ政界の実情が、実によく表われています。ルービンが退社後、その後継者となったポールソンは、一九九八年には、ついにゴールドマン・サックス共同会長・共同CEOとなり、翌年から単独会長・CEOとなって、年収二五億円、個人投資で五億円の収入を得るようになりました。こうしてホワイトハウスからウォール街に転じた出世頭として金融界に君臨していた二〇〇六年に、ジョン・スノー財務長官がハゲタカファンドのサーベラス会長となって移籍し、投機屋のボスになると、その穴埋めにポールソンがホワイトハウスに戻り、財務長官に就任したのです。

一体この泥棒クラブでは、ホワイトハウスと投機業界と、どこに境界線があるのかまったく分りません。さらに、偽物ブランド商品に高い格付けをしてきた格付け会社と、それらを売買する投資銀行を監査してきた大手会計事務所もまた、蜃気楼のマネーゲームを生み出す張本人でした。

　肥大した金融という化け物の手の中で、何も実体のないものが、先物取引、デリバティブと呼ばれてきましたが、これは本来人間に必要な経済活動ではありません。CDS（クレジット・デフォルト・スワップ）と称する取引きが、リーマン・ショック後にようやく全米で金融崩壊の大きな震源地として指弾されました。それを日本語に意訳すれば、倒産時損害保証保険とでも言うべきもので、損害保険が次々と別の人間に転売されて膨張したCDSは、一説に市場規模が六〇〇〇兆円と言われます。通常の人間の感覚で追いつけない規模です。ところが実態は不明で、六〇〇〇兆円の元はゼロなのです。資産のないところに巨額の金が動き、表面上、資産価値をとてつもなくふくらませてきた金融機関と投機屋たち——この蜃気楼を、オバマ新政権はどうするつもりなのでしょうか。

　問題となっているホワイトハウスと投機屋だけでなく、大手会計事務所、世界銀行、国際通貨基金IMF、中央情報局CIA、連邦準備制度理事会FRB、証券取引委員会SEC、世界貿易機関WTO、コンピューターソフトメーカー、格付け会社、エコノミストが、

生き返らせるぞ、さがれ！　2008年11月26日。

すべて行ったり来たりの人材で構成されて、一心同体となっています。

彼らの履歴を丹念に一人ずつ調べてみると、どこにも分類できないほど、こんがらがった糸玉のごとし、です。

イラクのサダム・フセインが、このような人脈を動かしていれば、世界中が、腐敗した独裁国家と書き立て、真っ先にアメリカのマスメディアがそれを追及します。サダムの腐敗はこの一万分の一ほどでしたが、それが数十万のイラク人を殺す口実となりました。

なぜアメリカ金融界は、自らの手で、フランケンシュタインという怪物を生み出し、それが勝手に動き出して自分たちを殺すまでに制御できなくなったのでしょうか。

前頁の漫画は、オバマがその経済フランケンシュタインをよみがえらせようとしている姿を描いています。かたわらにいる血まみれの象が、怪物をつくったフランケンシュタイン博士ですが、象は共和党のシンボルです。実際には、民主党のシンボルであるロバもここにいなければなりません。クリアは、パソコン用語では「消去する」ですが、「生き返らせるぞ、さがれ！」という場面でよく使われます。オバマが、この怪物をどのように蘇生させるのでしょうか。

オバマ新大統領に何ができるか

次々と閣僚が任命され、新政権の姿が見えるにつれて、現在では、「バラク・オバマが今度こそアメリカを変えるだろう」と大いに期待していた純真な若者や貧困層たちの情熱は、すでにかなり冷めてきました。オバマの支持率は高くても、閣僚に対する支持率はずっと低いのです。その幻滅の日の到来をずっと早くから予言した漫画が、オバマの大統領選挙勝利の二日後に〝ニューヨーク・タイムズ〟に掲載されました。シカゴでおこなわれ

すべての人をだまし続けることができるだろう。2008年11月６日。
© (2008) Glen McCoy. Reprinted by permission of Atlantic Syndication/Universal Press Syndicate.

たオバマの勝利演説に酔うアメリカ人に冷や水を浴びせ、それでもなおオバマの非凡な能力を示唆する、皮肉に満ちた一作です。

　エイブラハム・リンカーン大統領が、「君なら、すべての人をだまし続けることができるだろう」と、歴史の奥からつぶやいています。英語のＣＡＮ（できる）がアンダーラインで強調されているのは、シカゴの勝利演説でオバマが何度も口にした言葉だからです。「アメリカは変化できる」、「そうだ、われわれにはできる」"Yes we can." とオバマが力説すると、シカゴの群集が "Yes we can.”と熱狂的に叫んだ一句なのです。

新大統領に選ばれたオバマの政権移行経済顧問委員会（Transition Economic Advisory Board）に就任した大物メンバーとして、次のような人物がぞろぞろと登場したのですから、この漫画の予言は的中しました。この驚くべきメンバーについては、すばらしい話の落ちがあるので、きちんと読んで下さい。

まず第一が、一九八五年のプラザ合意で日本を国際市場から締め出し、日本のバブル経済を生み出したFRB議長のポール・ヴォルカーです。彼はFRBを退任後に、投資会社のジェームズ・D・ウォルフェンソーン社の会長として、ジョージ・ソロスと共に投資事業を展開しました。このウォルフェンソーン（Wolfensohn）とは、日本でウォルフェンソンと書かれていた人物が設立した会社で、その男は一九九五年七月一日から二〇〇五年五月三十一日までグローバリゼーションを拡大した、あの有名な世界銀行総裁なのです。中央銀行総裁と世界銀行総裁が、ソロスと組んで投資にうつつを抜かしていました。

そのあとヴォルカーは、全米最大のエンロン破綻を招いた大手会計事務所アーサー・アンダーセンの不正会計が山のように露顕したため、二〇〇二年にこの事務所の監査委員長

アラン・グリーンスパンとポール・ヴォルカー（右） AP Images

ウィリアム・ドナルドソン AP Images

ローラ・タイソン
AP Images

として送りこまれ、会計事務所の問題をもみ消してしまいました。こうしてアンダーセンと大手会計事務所の問題など、どこでも議論されなくなりました。

オバマの経済顧問第二の問題人物は、一九九三年から九五年までクリントン政権の大統領経済諮問委員会を取り仕切る委員長となった、名うての女性、ローラ・タイソンです。彼女も、貧富の差を拡大するシステムのエンジンとなり、ホワイトハウスを出ると、その肩書の権威をかざして、一九九七年から投資銀行モルガン・スタンレーの重役に就任しました。

オバマの経済顧問第三の問題人物は、大手投資銀行ドナルドソン・ラフキン・ジェンレットの創業者で、ブッシュ一族の長年の友人だったウィリアム・ドナルドソンです。キッシンジャー国務長官の時代に、部下の国務次官だったこの男は、二〇〇二年から二〇〇三年にかけてウォール街の腐敗スキャンダルがピークに達して、大手会計事務所の不正を放置してきた証券取引委員会（SEC）が厳しく批判を受けたとき、ブッシュ大統領からSEC委員長に任命されたのです。言うまでもなく、ドナルドソンは事態鎮圧のための始末屋としてウォール街の番人となったのですから、ついにはマーチャント・バンカー規制解除のために証券会社のレバレッジ比率を三倍に高める法改悪を打ち出して、新たな批判を浴びたのです。

オバマの経済顧問第四と第五の問題人物は、グラス・スティーガル法を撤廃してウォール街の投機に火をつけた二人の財務長官ロバート・ルービンとローレンス・サマーズで、この二人については、すでにくわしく述べました。

こうした立派な面々によって、オバマ新政権の財務長官に選ばれたのが、ティモシー・ガイトナーでした。

ティモシー・ガイトナー
AP Images

この男こそ、一九九八年〜二〇〇一年にクリントン政権財務長官ルービン〜サマーズのもとで財務次官をつとめた官僚トップですから、もう一人のグラス・スティーガル法撤廃の立役者でした。9・11事件が起こった九月からIMFに入って、十二月からIMF政策企画審査局長としてグローバリズム拡大のための金融政策を動かした問題児でもあります。そして二〇〇三年、こともあろうに「リーマン・ブラザーズ」会長だった投資家ピーター・ピーターソンによって、ウォール街を取り仕切るニューヨーク連邦準備銀行総裁に抜擢《ばってき》され、グリーンスパンの手足となったわけです。

こうした人材は、アメリカ国民から見ても、世界中から見ても、経済パニックを引き起こした最高責任者です。その金融犯罪者と呼ばれるべき人間たちが、ひと言の反省もなく、今になって口をそろえて「必要なのは公平な富の分配である」と語って、オバマ新政権を動かし始めたのです。日本でもよく知られるアメリカ・コロンビア大学教授の政治学者ジェラルド・カーティスは、これらを「近年で最も知性の高いメンバー」と高く評価する意見を日本の新聞に書きました。このようなポンツク教授に見せたいものがあります。

「貧困層や肉体労働者たち、民衆の味方だったはずのあのオバマは、このような人間ばかりを抜擢して、一体、何を考えているのか!」と怒り心頭に発し、あるいは落胆するアメリカ人や全世界の良心に、これ以上のメッセージはないという、意表をついた漫画が出ました。

道の真ん中に〝エコノミー(経済)〟が瀕死《ひんし》の状態で横たわっています。そこに救急車

瀕死のエコノミーにショック療法。2008年11月26日。

がかけつけ、オバマが救急隊員として、この病人に呼びかけています。

「君をこんな目にあわせたウォール街の連中に治療させるよ。彼らがその責任者なんだからね」

かたわらの二人は「ショック療法をやろうってのかね」と、眺めている。

ホワイトハウス物語の落ちは、ここにあったというわけです。

参りました！

ヒラリー・クリントンを国務

長官に任命したのも、ビル・クリントンがまいた中東紛争の火種を、妻に消させるオバマ方式なのです。漫画家の知性はレベルが高すぎる！

シカゴ人脈のミステリー

オバマを取り巻く経済顧問の問題人物として加えておくべきは、ビル・ゲイツと全世界の資産トップを争ってきた投資家のウォーレン・バフェットです。彼は、ギャンブルに金を賭ける投機屋ではありません。おそろしく頭のいい投資家で、これまで登場した人間たちとは、一線を引いておいたほうがよいでしょう。しかしそのバフェットさえも、リーマン・ショック後の株価大暴落で、たちまち一三六億ドル（一兆三六〇〇億円）を失いました。

気がかりなのは、すでに述べたように、バフェットの経営する持ち株投資会社バークシャー・ハサウェイが、大統領候補オバマの金庫番をつとめた最高殊勲者、女性実業家ペニー・プリッツカーの一族から、コングロマリット「マーモン・グループ」の株式六〇%を四五億ドルで買い取ると発表したからです。大統領選挙が火蓋《ひぶた》を切る直前の二〇〇七年クリスマスのことでした。

プリッツカー家は、シカゴ最大級のユダヤ人富豪です。そしてオバマを大統領にしたもう一人の最高殊勲者、選挙参謀をつとめたデヴィッド・アクセルロッドもシカゴのユダヤ人で、その功労から、オバマ大統領の政策顧問に就任しました。もう一人、この新政権で、最大の権力ポストである大統領首席補佐官の座を占めたのも、シカゴのユダヤ人ラーム・エマニュエルでした。しかもアクセルロッドとエマニュエルは、旧友の仲です。

アメリカのユダヤ人をひとまとめに論ずるのは間違いで、ナチスに苦しめられたハンガリー移民ユダヤ人であるソロスのように、かなり芝居がかったところはあるにしても、イスラエルの政策を独善的と批判し、中東のイスラム討伐戦争にのめりこんできたジョージ・W・ブッシュを「ナチスの再来だ」と痛烈に批判する変り種の投機屋もいます。

問題は、ラーム・エマニュエルが、アラブ人とイスラム教徒を激しく敵視している人間で、そのあまりの傲慢《ごうまん》さのため、みなから嫌われる人間だというところにあります。ブッシュ大統領を取り巻いてイラク攻撃に踏み切らせたネオコン的なこの男が、大統領首席補佐官としてホワイトハウスの政策のほとんどを仕切るのです。

エマニュエルも選挙資金集めに特別な才能を持っており、シカゴの帝王リチャード・デイリー市長をバックに権勢を強めながら、ビル・クリントンの大統領選挙運動でも資金集めに活躍して、クリントン大統領の政治顧問の座を射止めました。なぜ資金集めに能力があるのでしょうか。クリントン側近として、一九九三年にイスラエル首相イツハク・ラビンとパレスチナ解放機構（PLO）のヤセル・アラファトが結んだ疑似和平セレモニー、あのオスロ合意の黒幕となったエマニュエルは、一九九八年にホワイトハウスを退任したあと、勤め先が、ユダヤ系投資銀行ワッサースタイン・ペレラだったのです。

ここに、彼の注目すべき履歴があります。ワッサースタイン・ペレラは、リーマン・ブラザーズ・クーン・レーブとアメリカ・ロスチャイルド証券で幹部をつとめたイヴ＝アンドレ・イステルが会長をつとめてきた投資会社です。創業者のブルース・ワッサースタインが、二〇〇八年現在もラザール・フレール会長として君臨するほどの大物ですから、国際的な金融業界に広く通じた人脈を持っています。ワッサースタイン社は、のちにドレスナー銀行傘下に入り、ドレスナー・クラインウォートとなったので、ドイツからユーロ圏にも結びついています。

ロスチャイルド財閥のフランス系マーチャント・バンカーであるラザール・フレールは、

会長のマイケル・デヴィッド＝ウェイル（フランス読みミシェル・ダヴィッド＝ヴェイユ）がロスチャイルド家の血族で（一七八頁の系図の右上の人物）、一九八〇年代からソロスをおさえてウォール街第一位の長者となった大富豪ですが、このスーパーリッチに代って、ワッサースタインがその名門ラザールの支配権を握ったのです。ラザール・フレールは、企業の買収合併（M＆A）にビジネスを集中して莫大な利益をあげてきましたが、ロスチャイルド一族の権勢については、あとで述べます。

エマニュエルはこの人脈のもとで、ワッサースタイン・ペレラ社シカゴ支店の経営をまかされると、二年半でたちまち一六二〇万ドル（一六億円）をかせぐバンカーとしての腕を発揮したのち、二〇〇〇年にはクリントン大統領の任命で住宅金融会社のフレディー・マックの理事に就任しました。ところが不正会計が発覚して理事を退任し、今度は下院議員選挙に出馬しました。当選後は、民主党内で下院選挙委員会を取り仕切り、次々と選挙勝利の成果をあげて、いまや民主党下院のナンバー4にまでのしあがりました。このエマニュエルが、イスラエル建国運動の中心となったシオニズムの血筋を引いた戦闘的な人間であることと、国際金融マフィアと通じた資金集めのネットワークを持っていることは、パレスチナ問題の先に暗い影を落としています。

バラク・オバマは、貧困層を救済する草の根社会活動を地道におこなってきたすぐれた履歴の弁護士であり、そのオバマを選択したアメリカ国民の精神的な変化は、大衆運動が眠っているように見える日本よりかなり先に進んでしまったと、残念ながら認めなければなりません。ところが、一方でホワイトハウスと議会を取り巻くアメリカの姿は、漫画家たちが描く非情な現実そのままです。中東・イスラエル問題と経済問題を、今述べたような人材が動かさなければならないアメリカの構造は、オバマにはどうすることもできないように見えるのです。二〇〇八年末からのイスラエルによる残虐非道なパレスチナのガザ攻撃では、〝オバマの沈黙〟がイスラエルの攻撃を容認したと批判されています。

このように危ない人脈が周囲を取り巻いているほかに、オバマは、もう一つの爆弾を抱えています。それは、これからのアメリカ大衆の心理の変化です。

二〇〇八年の大統領選挙の結果は、上のグラフにある通り、大統領選挙人である議員の獲得数でオバマが七割近くを制して、マケインに圧勝しました。これが、地滑り的勝利と報じられてきました。しかしほとんど注目されないもう一つの大統領選挙結果があります。

2008年大統領選挙の結果

議員の獲得数で七割近くを制してオバマが圧勝

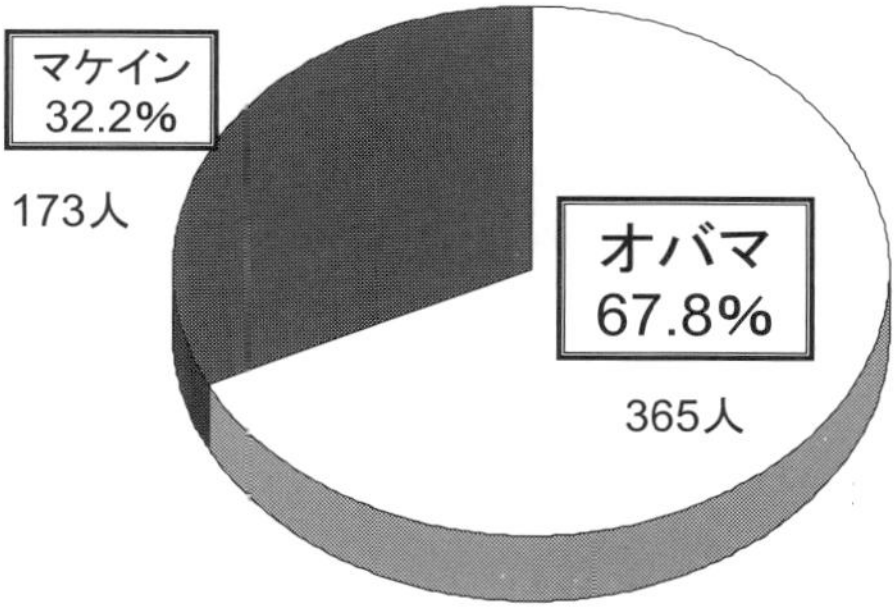

二人だけの獲得数比較

もう一つの大統領選挙結果

国民の投票数ではマケインが46%も得ている

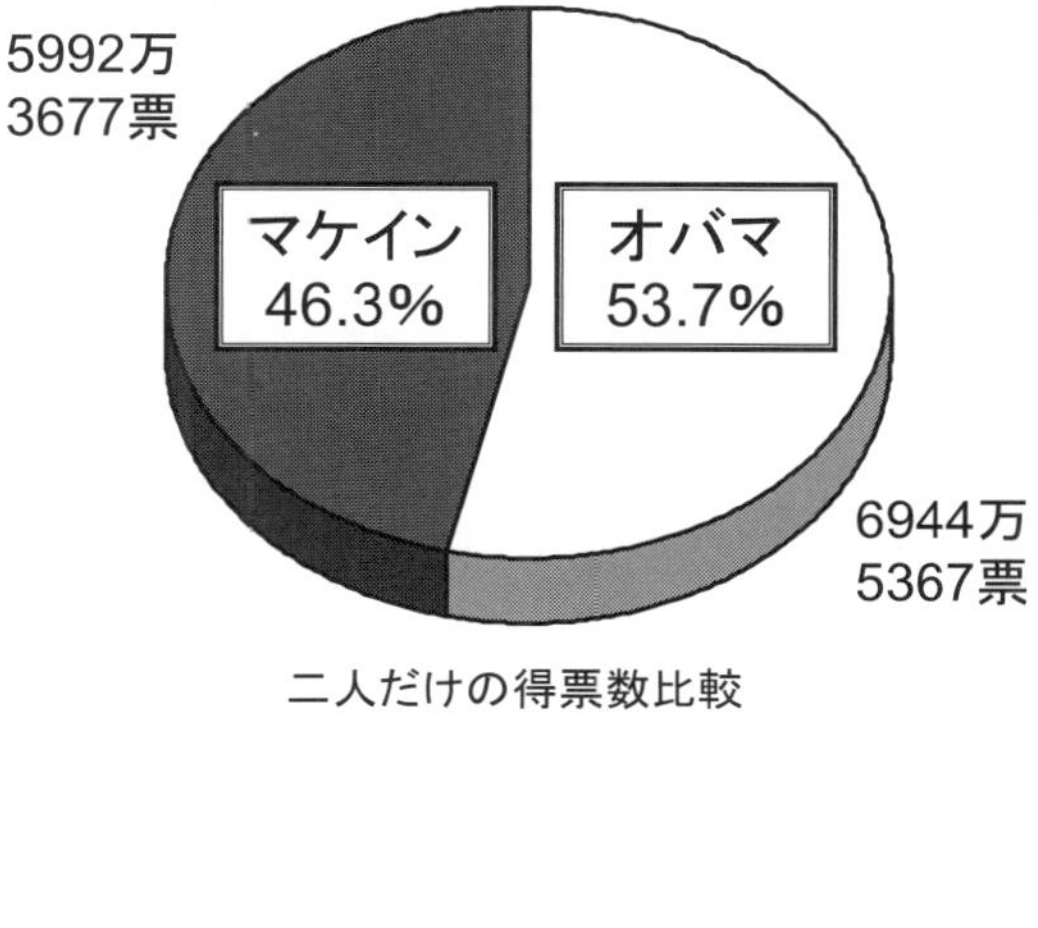

二人だけの得票数比較

それは、この選挙人を選ぶ一般投票、つまり国民の絶対投票数です。この票数では、ほかの泡沫《ほうまつ》候補を除いた二人だけの得票数で比較すると、マケインが四六・三％も得ているのです。決して、五三・七％を獲得したオバマ大統領が楽々と圧勝したわけではなく、過半数を制した州の全選挙人を獲得できる制度のために、結果として圧勝となっただけです。

年末のクリスマス前からすさまじい生活苦が下層労働者に襲いかかったアメリカでは、この数字が、無気味な時限爆弾としての危険性を予感させます。失業率は二〇〇八年初めに五％を切っていたのが、経済が加速度をつけて大崩壊し、十一月には一ヶ月で一挙に五三万人が職を失って六・七％にはねあがったからです。特に黒人では一一・二％、ヒスパニック系では八・六％にも達し、ティーンエイジャーでは二〇％を超えました。本人が望む労働時間を充分に与えられない人はこの統計に含まれず、これらの半失業状態を加えると実質の失業率は一二・五％にはねあがりました。一年間で一九〇万人が失職したうち、三分の二は、リーマン・ブラザーズが破綻した九月以降の失業者だったのです。

オイルショック後の一九七四年以来というこの失業者激増のショックが、議会にも「いまビッグスリーをこのまま倒産させるわけにはゆかない。当面の緊急支援額だけは与えなければならない」との空気を生み出し、世論に反しても、仕方なくデトロイト自動車業界に対して当面の支援をすることで急遽《きゅうきょ》合意しました。ところがこの救済策も、土壇場の上院議会で廃案に追いこまれ、最後には、自ら酸素ボンベを背負ってかろうじて生きていた瀕死のブッシュ大統領が一七四億ドル（一兆七四〇〇億円）の資金注入を決定して、何とかゼネラル・モーターズ（GM）に一時的な延命チューブをとりつけて逃げ出し、救急ドクター・オバマに最後の治療を託しました。しかもGMの金融子会社GMACは、政府から支援を受けられるよう銀行持株会社に化けることになり、年末の十二月二十九日、財務省がついにこの腐敗したGMACに対して総額六〇億ドル（六〇〇〇億円）もの融資を決定しました。もうアメリカの財政は、めちゃくちゃです。

そこに追い打ちをかけるように、三大テレビネットワークのCBSを擁する映画メディア業界大手のヴァイアコムばかりか、通信業界の巨人AT&T、化学業界の王者デュポンといった一連の大手企業が、大幅な人員削減を計画し始め、次々と発表された首切り予定人数が合計で一〇〇万人を超えたのです。さらに、オバマの大統領当選を祝った地元〝シカゴ・トリビューン〟と、西部カリフォルニアの大手〝ロサンジェルス・タイムズ〟という名門大新聞の親会社であるトリビューン社が、十二月八日に倒産してしまいました。メジャーリーグ球団のシカゴ・カブスもトリビューン社の傘下にありました。

この大新聞社倒産によって、全米の毛細血管ばかりか、いよいよ大動脈から心臓にまで影響が達するおそれが出てきたのですから、これから雪崩現象がどこまで進むかという不安に、全米が震え上がりました。この事件は、「不況で新聞社の広告収入が減少したため」と日本で報じられましたが、実は前年にトリビューン社を買収したシカゴのユダヤ人で「墓場のダンサー」の異名をもつ不動産王サミュエル・ゼルが、金を借りまくったための債務膨張が原因で、本来は倒産する会社ではなかったのです。

オバマは経済大崩壊の直接の責任者ではなくとも、年末から人前にも出られなくなった死地に向かう大統領ブッシュに代って、日々アメリカ人に呼びかける記者会見をおこない、この立て直しを任されたアメリカの最高司令官です。しかし自ら語っているように、「この経済を立て直すのに、大統領の任期一期ではむずかしい」という厳しい状態にあり、失業率は十一月の六・七%が、十二月に七・二%、二〇〇九年一月に七・六%、二月に八・一%へと急上昇しました。失業者一二四六万人の数字に、多くのエコノミストは「首切りに加速度がついて業種が広がっているので、当分おさまりそうにない」と頭を抱えるばかりでした。これまで消費の快楽にひたってきた大衆である労働者の苦しみが長く続けば、アメリカ国民は耐えきれなくなり、どこに暴走するか予断を許しません。

その帰趨《きすう》を左右するのが、アメリカの消費を頼りにしてきた世界経済のゆくえです。

世界貿易機関（WTO）によるグローバリズムの腐敗拡大

ここまでは、アメリカ中心の話でしたが、二〇〇七年まで、アメリカ単独でウォール街が巨大な資金を集めたのではありません。アメリカの金とは、世界中から集めた金だったからです。

その集金の大きなエンジンとなったのは、世界貿易機関（WTO）による、グローバリズムの拡大でした。このように危機を広げるグローバリゼーションのどこに問題があるのでしょうか。

WTOという組織は、一九九三年十二月十四日に、ガット（関税貿易一般協定）と呼ばれる国際会議の決定を日本政府が受け入れ、米の輸入を部分的に開放したあと、一九九五年一月一日に、世界銀行、ＩＭＦと並ぶ世界経済の第三の主柱として、ガットが世界貿易機関（ＷＴＯ＝World Trade Organization）と改称したものです。

これによって、貿易の中でも食糧（農産物）の自由化を梃子に、農村の工業化に大きな重点が置かれ、グローバリズムが大手を振って横行する新自由主義時代のマネーゲームに突入しました。

この国際的合意を達成した時、ガット事務局長をつとめたボスが、アイルランドを本拠にする四大銀行の一つ、アライド・アイリッシュ・バンクスの会長をつとめてきたアイルランド人ピーター・サザーランドで、彼は若い時代からアメリカと交流が深い人物でした。驚くのは、その後のサザーランドの経歴です。

一九九七年からイギリス石油メジャーＢＰ（ブリティッシュ・ペトロリアム）の会長として君臨し、一方で、国際的な投資業界に君臨するゴールドマン・サックス・インターナショナル会長として、イギリスの富豪にランクされてきたのです。彼自身の報酬は、ここ数年の原油の暴騰によって、二〇〇八年までの八年間で四倍に急増しました。言い換えれば、現在最も問題になっている投機屋で原油受益者であるサザーランドが生み出した組織（システム）が、〝公正な世界貿易〟を任ずるグローバリズムの旗手ＷＴＯだったのです。

つまり、金融専門家とエコノミストの音頭で設立されたのが、貿易を自由化するためのＷＴＯです。グローバリズムとは、言葉だけは「地球主義」ですが、地球上の人類が助け合うことではありません。まったくあべこべに、地球規模の経済大合同によって、富裕層が貧困者から搾取する巨大なメカニズムのことです。アメリカをはじめとする先進国の経済サークルに、そのほかの国々を取りこむことによって、行きづまった大国の経済を、さらに大きな容れ物に移しかえるメカニズムでした。

このように最初の仕組みをつくりあげ、あとは、アジア・アフリカ・中南米の人間をＷＴＯの幹部に担ぎ上げて、その操り人形を先進国がコントロールし、あたかも公平な国際貿易をおこなうかのように仕組んできたのです。

ＷＴＯが発足して十年間で、その〝成果〟はみるみる拡大しました。全世界に流通する通貨は、二〇〇五年時点で五四〇〇億ドルですが、帳簿上を流通するドルは、その五〇〇倍を超える三〇〇兆ドルにも達したと言われます。一方、人類の生存と生活を続けるための実体経済に必要なのは、そのうちわずか四〇分の一、つまり二・五％だったのです。九七・五％も架空の数字が動きまわって、静かな生活を混乱に導いてきました。

二〇〇五年に、全世界の金融資産の総額は一二〇兆ドルとなり、一京《けい》円という、聞き慣れない単位を超えたそうです。一京円とは、一兆円の一万倍です。このように文字通り天文学的な数字が経済紙に書かれても、実際には、どのように確かめられたのか私たちには不明ですが、デリバティブなる実体のない金融派生商品が、地球規模で（グローバルに）自己増殖を始めた結果であることは、間違いありません。グローバリゼーションによって、金融資産が拡大したのではなく、金融腐敗が拡大したのです。

ですから、第一章でサブプライム・ローンの損失額のグラフ（八三頁）に示したように、二〇〇八年半ばまでに、スイスのＵＢＳ（スイス・ユニオン銀行）、クレディ・スイス、イギリスのロイヤル・バンク・オブ・スコットランド、ＨＳＢＣ（香港上海銀行）、ＨＢＯＳ（スコットランド銀行）、ドイツのＩＫＢドイッチェ・インデュストリエバンク（産業融資銀行）、ドイツ銀行、フランスのクレディ・アグリコルなど、ヨーロッパ全土に次々とその被害が広がったのです。

むしろサブプライム・ローン連鎖破綻の大きな火付け役になったのは、二〇〇七年八月九日に、フランスの大手銀行BNPパリバが、アメリカのサブプライム証券で資金繰りにトラブルを起こし、傘下のファンドを凍結してフランス株式市場が大幅下落した〝パリバ・ショック〟にあります。これでにわかに全米に取り付け危機が広がったのです。二〇〇二年に時価総額でユーロ圏最大の銀行となっていたBNPパリバは、アメリカに持つ子会社バンクウェストが内部告発されて明るみに出たように、シティグループ傘下のソロモン・スミス・バーニー幹部とからんだ不正事件に関与し、ウォール街と密着していました。

これらサブプライム・ローンや数々のデリバティブは、一本の導火線で強く結ばれていたため、大西洋を挟んだ両側で、信用不安が同時に発火して、連鎖的に危機が広がりました。

これほどすべての腐敗と堕落が表に出て、最後に破綻すると分っていながら、リーマン・ショック後に金融腐敗が俎上《そじょう》に上がるまで、世界中のエコノミストと投資専門家、経済学者が、ほとんどグローバリズムの危険性を警告していなかったことに問題の核心があります。この人たちは、木の枝葉ばかりを見て、自分が迷いこんだ大きな森の姿が見えなくなっていたのです。現在、テレビや新聞などに出て発言している〝現地通〟の人たちの大半は、その責任をまったく自覚していないようです。

この世界的な金融崩壊は、被害が当事者の金融分野だけにとどまらない様相を呈してきたところに、グローバリズムの恐怖がひそんでいます。ひどい経済状態の日本でも、世界的な影響を受けたほかの貧困国に比べれば、まだまだずっとよい方です。貿易自由化とは聞こえのいい言葉ですが、そもそも、世界各国を比べれば、経済レベルに大きな差があるのに、それを世界統一の基準で自由市場に開放すればどうなるでしょうか。

特に農産物のように、日常生活に密着した分野では、貧困国の基本的な食生活を守るための国内製品が、農業大国の貿易によって荒らされ放題となり、それまで暮らしを支えてきた日々の当り前の農業、当り前の商業、当り前の生活習慣が続けられなくなり、地獄に陥ることは必至でした。

最もおかしいのは、このグローバリゼーションの中で、保護主義という言葉を「悪」の代名詞として使うマスメディアの風潮です。この論調を絶えず生み出して、日本の農民を生活できないほどまで追いつめてきたのがＷＴＯであることは、どなたもご存知の通りです。日本で米は余剰と言いながら、アメリカの介入で、さらに米の輸入を義務づけられ、その輸入米が農薬汚染されていたために、事故米の転売事件を引き起こしました。

一国の政治家が、自分の国の国民を保護することは、国民から負託された義務であり、政治家にはほかに役割がない、と言えるほど唯一、最重要の責務です。なぜ、国民と国内産業を保護することが悪なのか。ＷＴＯとマスメディアはこれに答えなければなりません。マスメディアは、いつからＷＴＯの代理人に成り下がったのでしょうか。

その原因は、実にはっきりしています。貿易の柱となる工業と農業の、利益のすり替えにあるからです。日本の場合は、輸出の柱が自動車や電機・エレクトロニクス製品などの工業にあるため、その利益分だけ、日本国内の農家に損失の肩代りをさせてきました。マスメディアが、その輸出工業界の代理人として、保護主義という言葉を、悪の代名詞として濫用しているのです。おかげで日本の食料自給率が激減して、今になってうろたえています。

この工業と農業に、さらに金融が加わったトライアングルが、現在のグローバリズムのおそろしさです。金融が加わると、すべての動きに加速度がつくからです。そうして、最後に、金融の風船がはじけて、一瞬、とてつもない大金が雲散霧消しました。さてこれから、地球上からパッと消えた大金のゆくえを論じなければなりません。

国際金融マフィアとは何か

エコノミストたちが指摘していない重大なポイントがあります。それは、これら金融界の第一線で取引きする人間たち（ディーラー）の多くが、歴史的にファミリーを構成して、先物取引などのデリバティブ価格を「集団的に操作している」ことです。それらの取引きは、業界内部の上層部同士が通じ合ったファミリー関係と、利権関係とから成り立つもので、明らかにすべてが暗黙のインサイダー取引きであると断言してよいでしょう。この章の初めに、先物取引では、賭け事の取引きをおこなう当人のギャンブラーたちが、胴元でもないのに、銀行金利をはるかに上回る法外な利益を得てきたと書いたのは、このことです。

このシンジケートを、国際金融マフィアと呼んでいます。この人間関係（人脈支配構造）は、系図を調べたことがない人には分りません。これら欧米の系譜資料は、大部分が国会図書館に所蔵されていますが、誰も使った形跡がなく、書棚に出ていない閉架図書などは完全に死蔵されたまま眠っています。日本の経済界と金融界が、それらの系譜を調べることもなく欧米人とビジネスを展開して、私たち庶民の金を含めて巨額の資金をウォール街に投資してきたことは、驚くべき無知としか言えません。

大航海時代に入ってから、かつて全世界を植民地にした欧米人は、大西洋を挟んで、一つの大きなファミリー関係を持っています。アメリカ人という人種はなく、ほとんどが新大陸をめざしてやってきた移民と、その奴隷の子孫です。そして、狭い島国に生きる日本人が想像する以上に、自分のルーツ（出自）に大きな意味を感じ、それをアイデンティティーという言葉で表現します。

バラク・オバマであれば、ケニアの黒人である父親（奴隷ではなくアメリカ留学生のエリート）の血筋と、イギリスに苦しめられてきたアイルランド系の血筋も入った母親の考えを知り、それが意味する国際的な歴史の流れを頭の中で深く理解しています。同時に彼は、それらの国際的な対立や、人種的な対立や、宗教的な対立があってはならないという哲学に到達したために、アメリカ国民を「統一した合衆国の再建」という目標に向かって突き動かすことに成功しました。

しかし国際金融マフィアの場合は、オバマの理想的な哲学では、一セントも収益が得られません。金融界の独善的な思考の土台となっているのが、系図のもう一つの意味です。投資銀行界に君臨するゴールドマン・サックス会長をつとめたロバート・ルービンと、ヘンリー・ポールソンが、それぞれ民主党と共和党から、次々と財務長官に就任してきました。日本で、野村証券の歴代社長が、次々と大蔵大臣・財務大臣に就任すれば、私たちはどのように感じるでしょうか。しかし日本の非常識が、アメリカでは常識になっています。またルービンと共にゴールドマン・サックス共同会長をつとめたスティーヴン・フリードマンが、二〇〇二年十二月十二日からブッシュ政権の国家経済会議委員長と経済政策担当大統領補佐官を兼任して、翌年からの残忍なイラク攻撃の財源を確保してきました。なぜでしょうか。

これら多くの人脈には、共通点があります。

本書でここまで登場してきただけでも、金融物語で主役を演ずる大物の大半に、一つの共通点があります。ロバート・ルービン（財務長官）、サンフォード・ワイル（シティグループ創立者・会長）、アラン・グリーンスパン（ＦＲＢ議長）、ヘンリー・キッシンジャー

（キッシンジャー・アソシエーツ会長）、ポール・サミュエルソン（デリバティブの源となったノーベル経済学賞受賞者）、ローレンス・サマーズ（財務長官）、リチャード・ファルド（リーマン・ブラザーズを破綻させたＣＥＯ）、ジェームズ・ウォルフェンソーン（世界銀行総裁）、マイケル・デヴィッド＝ウェイル（ウォール街長者第一位のラザール・フレール会長）、ペニー・プリッツカー（オバマの金庫番）、ジョージ・ソロス（ヘッジファンドの王様）たちが、みなユダヤ人です。

アメリカだけでなく、ソ連崩壊後の混乱するロシアでも、ミハイル・ホドルコフスキーやロマン・アブラモヴィッチ、ボリス・ベレゾフスキー、ミハイル・フリードマン、ウラジーミル・グシンスキーたち、大勢のユダヤ人がマスメディアをにぎわし、とてつもない金融・産業支配力を発揮してきました。プーチン大統領がロシアで人気を保ってきた力の源泉は、ただ独裁的に振る舞ったからではなく、腐敗したその最大富豪ホドルコフスキーを投獄した快挙に、国民が共感したからです。その決断は、ユダヤ金融には逆らうなという、これまでの国際的な常識に反する行動でした。

気をつけなければならないのは、ここで言うユダヤ人が、金融界の大物であり、ユダヤ人全体を代表するのではなく、世界最大の金融財閥ロスチャイルドの息がかかった人脈だということです。近代的に見えるアメリカ政界もヨーロッパ財界も、中世の王室貴族と同じで、この人材に頼らなければ富める国をつくることができないことを知っています。これまで登場しませんでしたが、まだ大物がいます。二〇〇六年二月一日からグリーンスパンの後継者となってFRB議長に就任したベン・バーナンキです。

グリーンスパンの金融政策に忠実に従うことを宣言して「ウォール街の強欲な豚ども」を放置したため、サブプライム・ローンの火山が噴火してから全米で非難を浴び、リーマン・ブラザーズを破綻させた無責任男としてヨーロッパ金融界から囂々《ごうごう》たる批判を受けてきた彼もユダヤ人です。

もう一人います。グローバリズムの金融元締めとして、世界銀行と共に、貧困国に融資するべきIMFがその機能を果たしていないことはたびたび批判され、二〇〇八年の金融サミットではその改革が各国から求められました。IMFが〝ウォール街の守護神〟とまで陰口をたたかれてきたのは、議事を決定する投票権が出資比率に基づいているため、アメリカが重要な議事に対して拒否できる票数を握って、独裁的な支配力を発揮してきたからです。オバマ新政権の財務長官ティモシー・ガイトナーも、ＩＭＦを動かすその代表者でした。

しかも過去一九九〇年代後半に、ジョージ・ソロスたちのヘッジファンドが集団で引き起こしたアジアの通貨危機では、インドネシアと韓国、タイを救済すると言いながら、融資と引き換えにハゲタカたちが入り込めるような制度改革を強要するなど、ＩＭＦの傍若無人な態度がアジアの民衆から激しい怒りを買いました。二〇〇九年現在、このＩＭＦナンバーワンの専務理事であるドミニク・ストロス＝カーンは、フランス人ですが、富裕なユダヤ人カーン一族の出で、奇怪なことに左翼主義者を装いながら、その主義に反して世界的に金融規制を緩和して、新自由主義経済の牽引車として動いてきたのですから、問題にするべき人物です。ＩＭＦは、ウォール街の代理人であると同時に、このようなヨーロッパの特殊な人脈に通じてもいるのです。

ＩＭＦと並ぶ世界銀行も、ユダヤ人ウォルフェンソーンの後任総裁に、イラク攻撃を主導したユダヤ人ネオコンのポール・ウォルフォウィッツが就任しました。ところが、女性スキャンダルを起こして総裁が任期途中に辞任するという前代未聞の不祥事となり、全世界から「ウォルフォウィッツの起用はヘロデ王に保育園の鍵《かぎ》を渡すようなものだ」と非難されました。その次の世界銀行総裁もゴールドマン・サックス出身のネオコン、ロバート・ゼーリックです。

ユダヤ人ではない大物もたくさんいますが、必ず、これらユダヤ系と深い関係を取り結んでから、出世してゆきます。その理由は、長い歴史にあります。

シェイクスピアの戯曲『ヴェニスの商人』に登場する金貸し業者シャイロックが、〝強欲なユダヤ人〟として描かれたことに代表されるように、中世のキリスト教徒が、ユダヤ人を金貸し業者として蔑《さげす》み、自分たちキリスト教徒は「金銭に手を汚さない綺麗《きれい》な人間だ」と、偽善に満ちた純潔ぶりを誇る一方で、国王から大僧正まで、裏ではすべてユダヤ人に金を借りずには戦争も何もできない社会制度をつくり上げたことに、投資銀行の歴史の濫觴があります。

そのため、産業革命と共に、現在のドイツ金融街、フランクフルトのユダヤ人ゲットーから台頭した両替商のロスチャイルド家の五人兄弟が、その類《たぐい》まれな才能を発揮して、ヨーロッパ全土で国家や王室をしのぐ富商として財閥を形成してゆきました。それだけでなく、その近親者であるユダヤ人一族の両替商（個人銀行家）が全世界にちらばって、互いに連携をとりながら、金銀ダイヤ取引きと投資銀行を席捲《せっけん》することになったわけです。

このキリスト教徒とユダヤ教徒の関係は、江戸時代にあったと言われてきた日本の士農工商に似ています。商人が最下位に置かれながら、朝廷も藩主も武士も、鴻池《こうのいけ》や三井たち豪商の両替商なしには何もできず、江戸時代の発展は、商人に頼りきっていました。武士が支配していたなどと後年に語られる士農工商の形式的な身分の上下は、実力の上では逆転していたのです。

こうして誕生したロンドンとパリのロスチャイルド銀行を中心に、ラザール・フレール、ハンブローズ銀行、SGウォーバーグ、オッペンハイム商会、ランベール銀行、クーン・レーブ商会、リーマン・ブラザーズ、ゴールドマン・サックス、ソロモン・ブラザーズ、LFロスチャイルド証券……、これらがすべてユダヤ人の、それも近親者の一族によって設立され、経営されてきました。リーマン・ブラザーズは、そのうちの一社にすぎないのです。この壮大な規模の金融・産業支配が、十九世紀から二十世紀にかけて、ロシアやヨーロッパに吹き荒れたユダヤ人差別とユダヤ人虐殺の一つの大きな口実にされました。ユ

ウォール街第一位の長者
ラザール・フレール会長
デヴィッド＝ウェイル

ラザール・フレール会長

David David-Weill — Pierre David-Weill — Michel David-Weill

世界一の財政家
ジェームズ・ゴールドスミス

André Lazard
Lucie Jeanne Goldschmidt
Frank Goldsmith — James Goldsmith
Henriette Goldschmidt
Marguerite Gunzburg
Lili Goldschmidt-R
Minna Rothschild
Philippe Shey
Alix Shey
Albert Max Goldschmidt-R
Miriam Rothschild
Raphaël de Bauer
Robert de Bauer
Alice Lambert
Aleksandr Gunzburg

ランベール銀行創業者

ジャンクボンド乱売王

ドレクセル・バーナム・ランベール銀行創業者

Léon Lambert
Lucie Rothschild
Henri Lambert — Léon Lambert
Edouard Rothschild
Guy Rothschild
Béatrice Rothschild
Annie Rothschild
Eliot Yorke
Susan Yorke
Charles Hambro
Maurice Ephrussi
Thérèse Ephrussi
Léon Fould

ウォール街の金融王

クーン・レーブ商会支配者

ジェイコブ・ヘンリー・シフ
Jacob Henry Schiff
Frieda Schiff

ロスチャイルド家の全ユダヤ金融

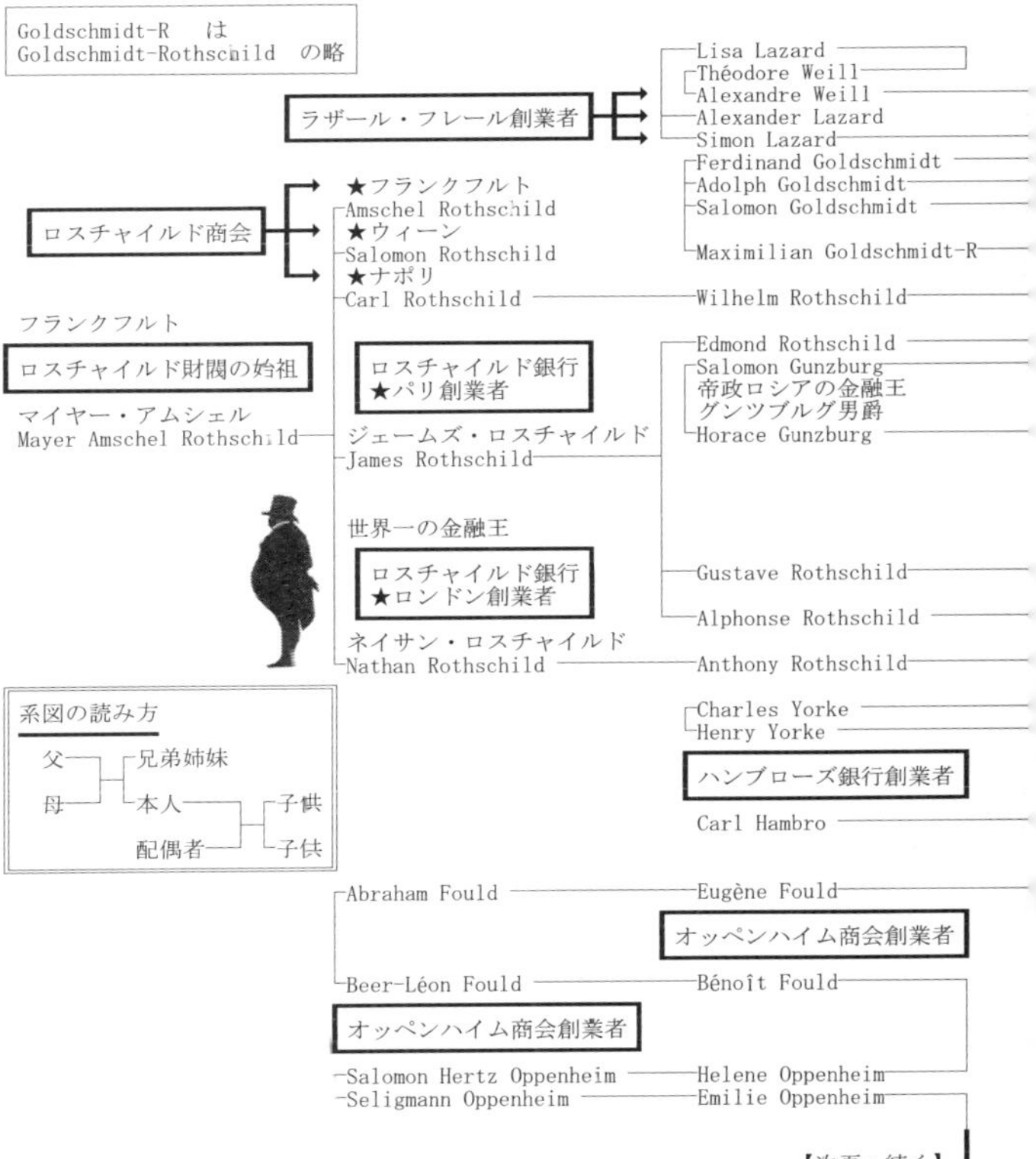
Goldschmidt-R　は
Goldschmidt-Rothschild　の略
ラザール・フレール創業者
Lisa Lazard
Théodore Weill
Alexandre Weill
Alexander Lazard
Simon Lazard
ロスチャイルド商会
★フランクフルト
Amschel Rothschild
★ウィーン
Salomon Rothschild
★ナポリ
Carl Rothschild
Ferdinand Goldschmidt
Adolph Goldschmidt
Salomon Goldschmidt
Maximilian Goldschmidt-R
Wilhelm Rothschild
フランクフルト
ロスチャイルド財閥の始祖
マイヤー・アムシェル
Mayer Amschel Rothschild
ロスチャイルド銀行
★パリ創業者
ジェームズ・ロスチャイルド
James Rothschild
Edmond Rothschild
Salomon Gunzburg
帝政ロシアの金融王
グンツブルグ男爵
Horace Gunzburg
世界一の金融王
ロスチャイルド銀行
★ロンドン創業者
ネイサン・ロスチャイルド
Nathan Rothschild
Gustave Rothschild
Alphonse Rothschild
Anthony Rothschild
系図の読み方
父
母
兄弟姉妹
本人
配偶者
子供
子供
Charles Yorke
Henry Yorke
ハンブローズ銀行創業者
Carl Hambro
Abraham Fould
Eugène Fould
オッペンハイム商会創業者
Beer-Léon Fould
Bénoît Fould
オッペンハイム商会創業者
Salomon Hertz Oppenheim
Seligmann Oppenheim
Helene Oppenheim
Emilie Oppenheim

【次頁へ続く】

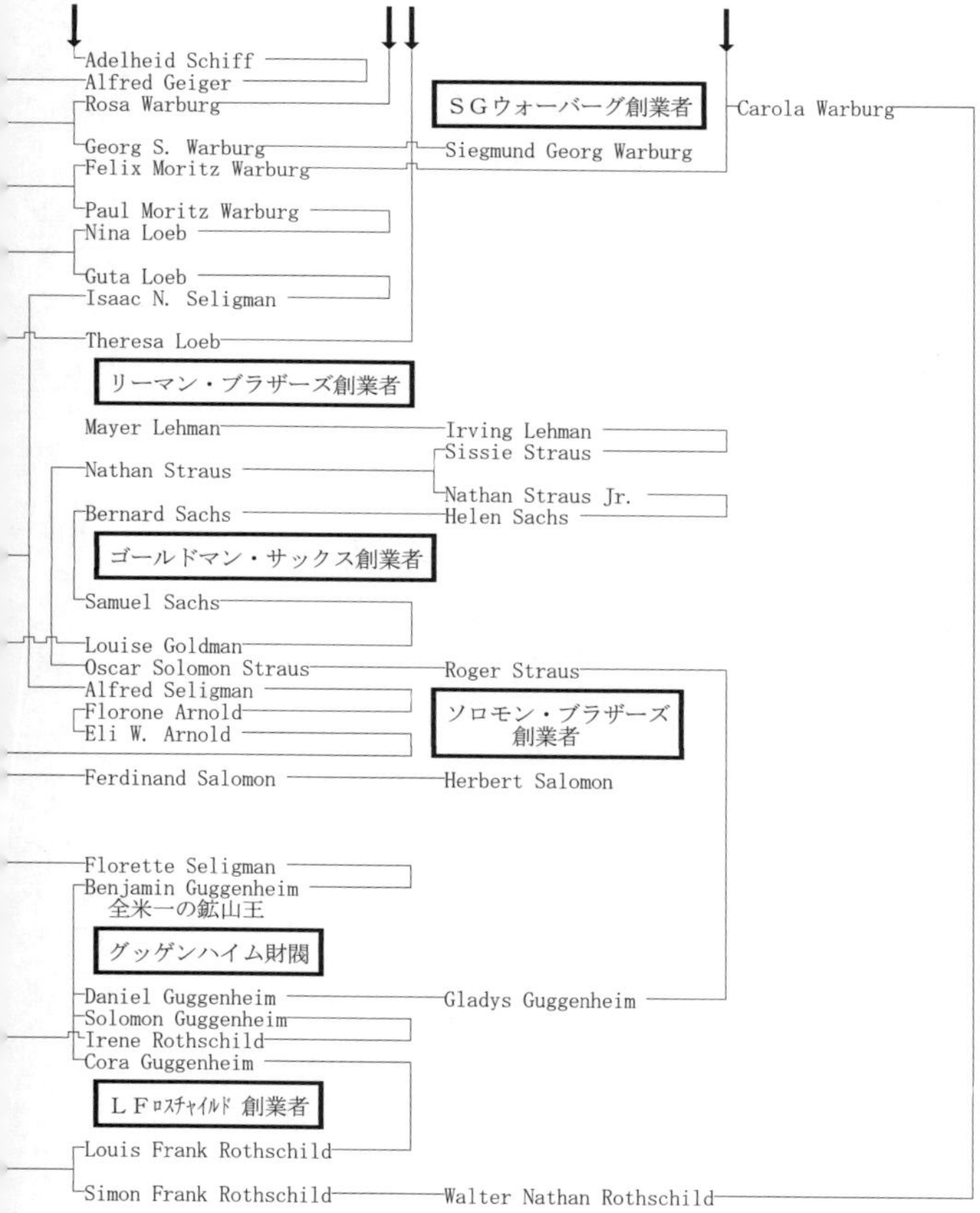

Adelheid Schiff
Alfred Geiger
Rosa Warburg
SGウォーバーグ創業者
Carola Warburg
Georg S. Warburg
Siegmund Georg Warburg
Felix Moritz Warburg
Paul Moritz Warburg
Nina Loeb
Guta Loeb
Isaac N. Seligman
Theresa Loeb
リーマン・ブラザーズ創業者
Mayer Lehman
Irving Lehman
Sissie Straus
Nathan Straus
Nathan Straus Jr.
Bernard Sachs
Helen Sachs
ゴールドマン・サックス創業者
Samuel Sachs
Louise Goldman
Oscar Solomon Straus
Roger Straus
Alfred Seligman
Florone Arnold
Eli W. Arnold
ソロモン・ブラザーズ創業者
Ferdinand Salomon
Herbert Salomon
Florette Seligman
Benjamin Guggenheim
全米一の鉱山王
グッゲンハイム財閥
Daniel Guggenheim
Gladys Guggenheim
Solomon Guggenheim
Irene Rothschild
Cora Guggenheim
LFロスチャイルド 創業者
Louis Frank Rothschild
Simon Frank Rothschild
Walter Nathan Rothschild

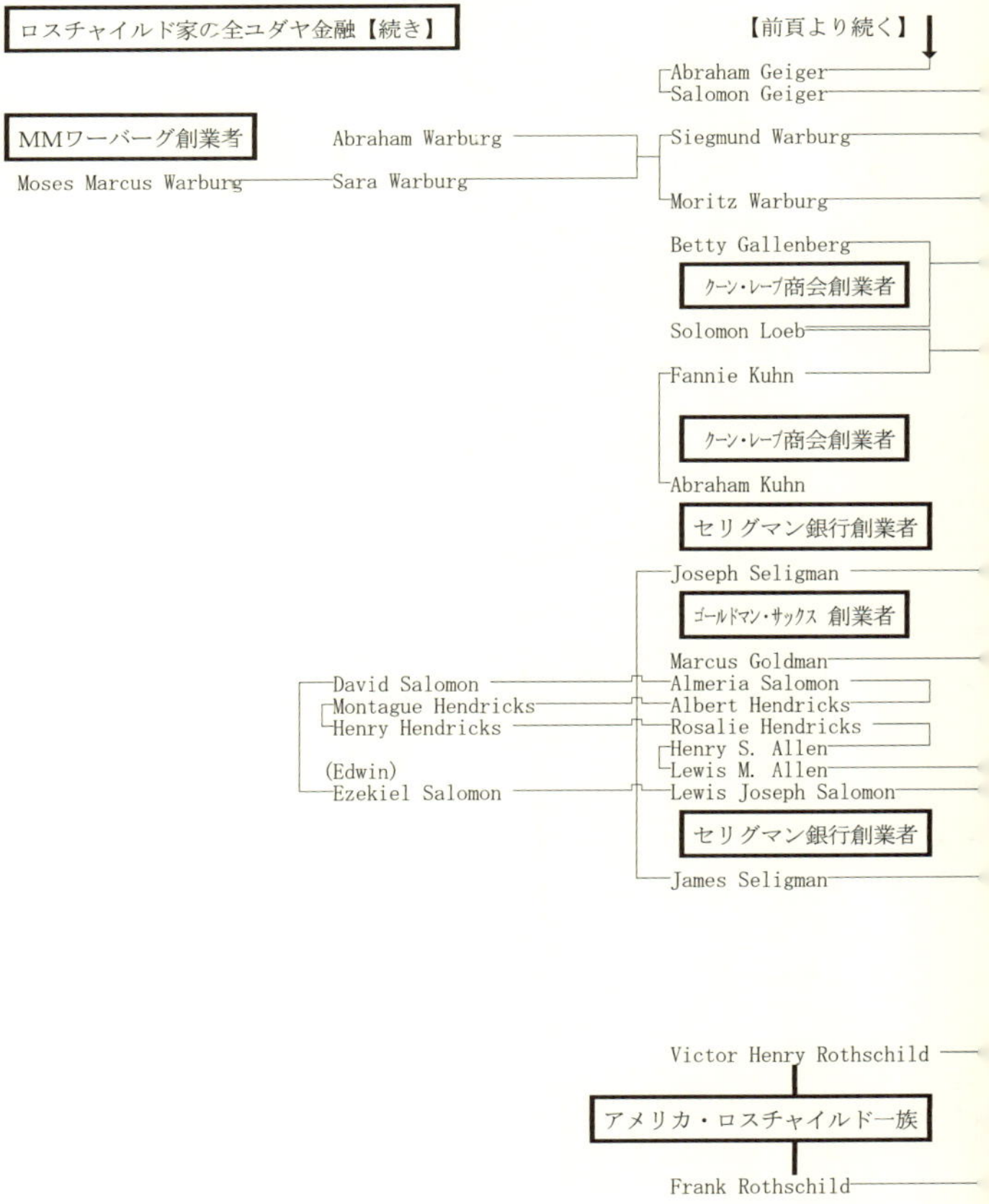
ロスチャイルド家の全ユダヤ金融【続き】
【前頁より続く】
Abraham Geiger
Salomon Geiger
MMワーバーグ創業者
Moses Marcus Warburg
Abraham Warburg
Sara Warburg
Siegmund Warburg
Moritz Warburg
Betty Gallenberg
クーン・レーブ商会創業者
Solomon Loeb
Fannie Kuhn
クーン・レーブ商会創業者
Abraham Kuhn
セリグマン銀行創業者
Joseph Seligman
ゴールドマン・サックス 創業者
Marcus Goldman
David Salomon
Montague Hendricks
Henry Hendricks
(Edwin)
Ezekiel Salomon
Almeria Salomon
Albert Hendricks
Rosalie Hendricks
Henry S. Allen
Lewis M. Allen
Lewis Joseph Salomon
セリグマン銀行創業者
James Seligman
Victor Henry Rothschild
アメリカ・ロスチャイルド一族
Frank Rothschild

ダヤ人の苦難の歴史と、現代までに至る金融・産業の形成について、くわしくは、『赤い楯　ロスチャイルドの謎』（集英社文庫）をお読みください。

第二次世界大戦に前後して、ヨーロッパに吹き荒れたユダヤ人差別と虐待は、大量にアメリカに逃れる移民を生み出しました。そうしたユダヤ人たちが、ようやく安住の地として選んだのがニューヨークだったことが、現在の金融街の繁栄をもたらしてきたのです。九六頁の系図では示しませんでしたが、今の系図（一八〇頁）で分るように、リーマン・ブラザーズの創業者は、ゴールドマン・サックス創業者の近親者でもあります。しかし一九八〇年代から始まって今日まで続いている、国境を越えた金融業界の統合（銀行と証券会社の合併）の波は、この系図を新たな目で見ることとの必要性を求めています。

一九九五年に当時世界最大の証券会社だったメリル・リンチが、ロンドン・ロスチャイルド銀行の総本山であるスミス・ニューコートを買収しました。普通の買収合併でしたら、ロスチャイルドが買収された、という評価になりますが、意味は逆です。投資の世界で群を抜くロスチャイルドの実力バンカーが、メリル・リンチの最重要細胞としてアメリカに大進出したのです。ですから、このロスチャイルド一族の系図に登場するかつての世界的マーチャント・バンカーのうち、現在社名が変ったり消えたように見える会社は、次のように別の看板のもとで活動しています。

ハンブローズ銀行は、フランスの大銀行ソシエテ・ジェネラルに合体

SGウォーバーグは、スイスの大銀行UBS（スイス・ユニオン銀行）に合体

クーン・レーブ商会は、アメリカの大銀行シティグループに合体

ソロモン・ブラザーズは、アメリカの大銀行シティグループに合体

大銀行は、こうしてロスチャイルド系マーチャント・バンカーの手を借りて、投資事業に本格的に進出し始めました。したがって、どこの大銀行の内部にも、ライバル銀行と内通する投資家がいることになります。しかし彼らは、基本的には仲間であり、ライバル銀行同士がシンジケートを組んでいるので、国際的な活動に成果をあげられるのです。彼らが七つの海を股《また》にかけ、一丸《いちがん》となって投機を進めるのは当然です。これが、国際金融マフィアと呼ばれる所以《ゆえん》です。

彼らと、WTOを柱とするグローバリズムは、具体的にどのような関係にあるのでしょうか。

たとえばクリントン大統領の最高経済顧問となってWTOの設立を企てた大物フェリックス・ロハティンは、今の系図にあるフランス系ロスチャイルド財閥のラザール・フレール経営トップでした。ロハティンの前のラザール経営者アンドレ・マイヤーが、アメリカで企業の買収合併M&Aの先駆者となり、レバレッジド・バイアウトの金融手法を確立した有名な投資バンカーでしたので、ラザールは現在もM&Aの世界では上位を占めています。フェリックス・ロハティンの息子ニコラスが、北米自由貿易協定（NAFTA）では最大の黒幕利権者と言われるJ・P・モルガンの最高給重役だったのです。こうして彼らの手で、グローバリゼーションが拡大したわけです。

この人脈構造こそが、先に登場したラザール系のワッサースタイン・ペレラにつとめて富を蓄え、オバマ大統領首席補佐官に就任したラーム・エマニュエルに引き継がれているのです。

世界は何をなすべきか

世界は協力して何をするべきでしょうか。

誰もパラシュートを持ってこなかったのか？　2008年10月21日。

二〇〇八年十月に、各国首脳が、国際的な協力体制でこの危機を乗り切ろうと約束し合い、それらの声明を発表して、これで万全であるかのような猿芝居を演じました。十月二十一日には、〝ニューヨーク・タイムズ〟が、それを揶揄する漫画を掲載しました。

　左上に見える飛行機（世界経済）が火をあげて墜落しているのに、そこから飛び出し、「国際協力を印象づけるデモンストレーションだ」とつぶやきながら、スカイダイビングで手をつないで降下する

2008年９月15日、リーマン・ショック前後（９月１日と10月31日）の
金融サミット（2008･11･15）参加19ヶ国の株価下落率

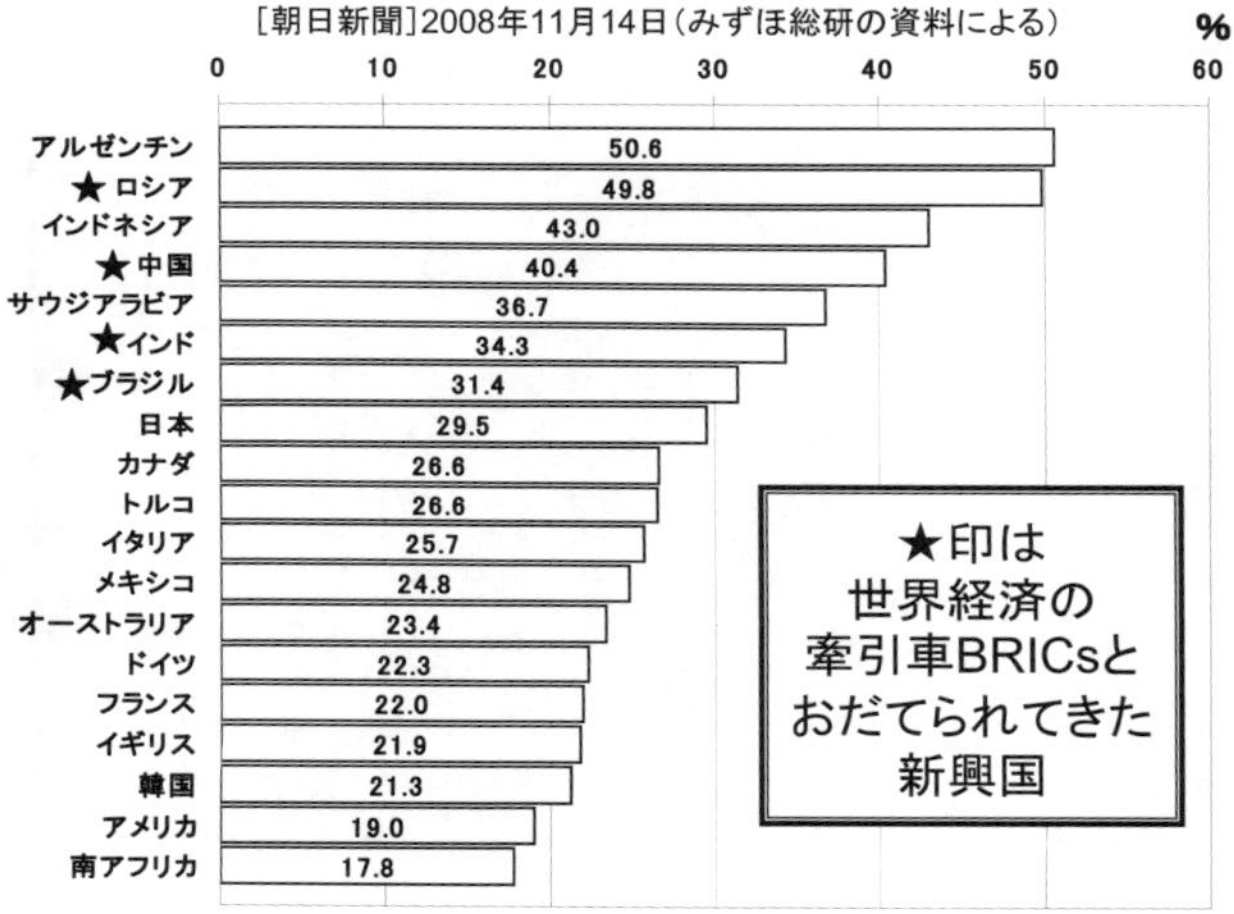

［朝日新聞］2008年11月14日（みずほ総研の資料による）

彼ら政治家の姿が描かれています。スカイダイビングは、とてつもない速度で急降下するので、途中からパラシュートを開いて着地するのですが、彼らダイバーの背中には、パラシュートがありません。「誰もパラシュートを持ってこなかったのか」という漫画のつぶやきは、命懸けの急降下を意味します。

　まったくその通り、漫画の予言が見事に的中して、これから一週間後の十月二十七日に、全世界で株価のとてつもない大暴落が起こったのです。

さらに十一月十五日から、ワシントンに蒼《あお》ざめた一九ヶ国が集結して、EU代表を加えた金融サミットG20が開催されました。その前日の朝日新聞に、これら参加国の株価下落率が出ていました。ちょうどリーマン・ブラザーズ破綻に前後する九月一日から十月三十一日までの二ヶ月間における、みずほ総研の資料による数字です。

その数字を、下落率の高い順に並べ替えてつくったグラフを見て下さい。

G7である大国の下落率では、最も低いのは、金融崩壊の一番の責任者であるアメリカと、二番目の責任者であるイギリスなのです。最大の責任者が、最も被害が小さいとは、おかしな話です。G7で最大の被害国は日本です。

G20では、世界経済の牽引車とおだてられてきた新興国BRICs（ブラジル、ロシア、インド、中国）もすべて呼び集められましたが、この四ヶ国はいずれも下落率が三〇%を超える大暴落で、煉瓦《れんが》（bricks）の壁が崩れるように株式市場が崩壊して、とてつもない被害国となりました。誰が、BRICsと命名してこれらの国に株売買を集中させてきたのか、金の流れが、このグラフから一目瞭然《いちもくりようぜん》となります。ロシアが五〇%暴落したのは原油市場や穀物市場と同じで、モスクワ市場を動かした投資家は、ウォール街から来た国際金融マフィアの投機屋だったわけです。

二〇〇七年からモスクワのビジネスセンター街で鳴り物入りで建設が始まっていたロシア・タワーは、六〇〇メートルを超えるヨーロッパで最も高い超高層ビルとして、二〇一二年に完成予定だったのですが、このロシアの金融大崩壊のため、二〇〇八年十一月下旬に突然、建設中止となりました。ロシアの摩天楼が蜃気楼のように消えました。

原油暴落は必ず起こることであり、この日の到来はある程度予測されましたが、もうひとつ早くから予測されたのは、いつ芝居がはねるかと予感させた中国の経済危機でした。二〇〇八年八月の北京オリンピック開幕で中国全土がわき上がっていた時、オリンピックスタジアム「鳥の巣」で盛大に花火が打ち上げられながら、中国市場には、すでに大暴落が襲いかかっていました。国際金融マフィアが徘徊する香港市場では、そのずっと前、二〇〇七年末からハンセン株価指数が急落していたからです。リーマン・ショック後まで見ると、最高値から六五％の下落になりました。この時期から、国際金融マフィアが中国市場の崩壊にせっせと動いていました。

上海市場は、中国人の直接投資がおこなわれるという意味では、香港より深刻です。二

2000～2008年　香港ハンセン株価指数

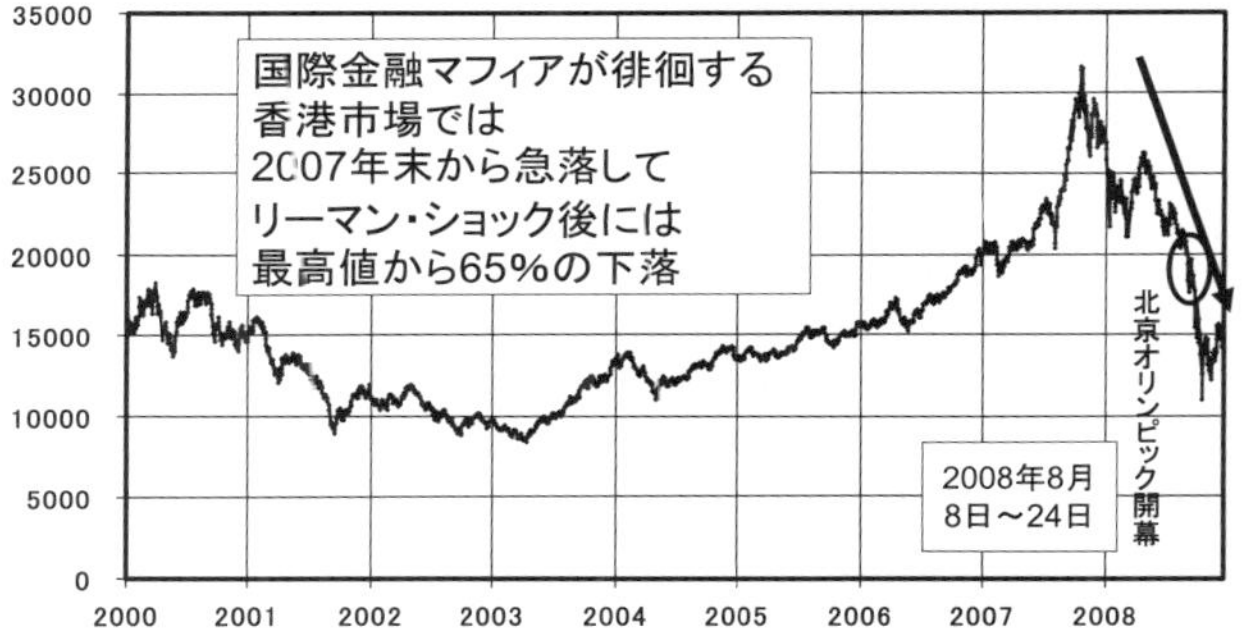

2000～2008年　上海SSEC株価指数

〇〇七年末から急落して、その年十月十六日の最高値から、二〇〇八年のリーマン・ショック後までのほぼ一年間で実に七二％暴落して、七年間の国民投資が吹き飛んでしまいました。中国は経済成長率だけがクローズアップされてきましたが、その成長に乗ってオリンピックを開催し、大量の資源を買いこみ、アメリカに安い商品を輸出し、そこで生まれた〝にわか長者〟たちが株の投資に明け暮れてきましたので、このショックは相当に根深く国内に激震をもたらしました。一億三〇〇〇万人に達する農民工の生活を支える職場の雇用は、工業開発と都市開発に邁進《まいしん》する政府に土地を奪われた元農民のゆくえを考えると、かなりの不安を覚えさせます。

このような各国の国内事情から目を転じて世界を見ると、金融サミットに参加した一九ヶ国が、全世界の国内総生産（GDP）の七八％を占めます。参加したEUの加盟国を加えれば八九％と、ほぼ九割に達します。これが、そもそもの間違いだと思わないでしょうか。残り百数十ヶ国で、わずかな一割を奪い合うのがグローバリズムなのでしょうか。そうしてサミット諸国が、全世界の貧困撲滅と飢餓の救済を語り合う。このように立派な博愛主義で、何かが解決するでしょうか。

この金融サミットで、日本の総理大臣・麻生太郎は、こともあろうに、世界で最も問題になっているＩＭＦに一〇〇〇億ドル（一〇兆円）を融資すると約束したのです。しかも日本だけが！　日本の国民には、定額給付金二兆円だけ！　消費税増税の確約ずみで！

ここまででお分りのように、最も信用ならないのは、マスメディアが取材するアメリカ証券取引委員会（ＳＥＣ）、格付け会社、大手会計事務所、エコノミストたち、国際金融マフィアの代弁者です。つまりは、彼らに取材するマスメディアが、最も見当違いの報道を続けてきたことになります。漫画を見たほうが、百倍も、アメリカ経済を知ることができます。勿論、ここまでの基本的な知識を持って、漫画の深い意味や味わいを理解できる場合ですが。

さて、これからの世界を変えなければならない今、どうすればよいのでしょうか。

アメリカとヨーロッパの先進国では、このリーマン・ショック後、国民から徴収した莫大な税金を、金融界に投じて救済の手をさしのべてきました。アメリカ政府は、金融崩壊の泥沼から抜け出すため、日本のまるごと一国分の年間予算、七〇兆円の救済資金を用意して、そのうち二〇兆円を銀行などの金融機関に流しこむという決定をしました。それに対して、日本のマスメディアは、ヨーロッパ首脳は動きが迅速だった、どこの国が最も素早く対応してきたかといった、ひどく見当違いの解説を続けています。

何百兆ドル、何千兆ドルの資金を金融界に投げこんでも、世界の金融危機はなくなりません。その金は税金であり、金融犯罪者たちを窮地から救い、これからの金融腐敗を保証するだけだからです。金融機関に対する支援の金は、みな、人目につかない裏口から流れ出しています。それを受け取った投機屋たちが、せっせとトラックに積みこんで、自分の隠れ家に運び出しています。

この金融腐敗の代表者であるユダヤ人のヘッジファンド経営者バーナード・メイダフ(Madoff 読みはマドフ、メイドフとも)が、世界金融崩壊パニックさなかの二〇〇八年十二月にアメリカで逮捕された史上最大の個人詐欺事件は、まさにそれを象徴する事件でした。なんと新興市場ナスダックの会長をつとめたメイダフ本人が、詐欺師だったのです。この男がネズミ講で巨大な投資資金を集め、その被害は逮捕時で五〇〇億ドル(五兆円)にのぼりました。兄弟や息子たち一族がぞろぞろと彼の同族会社につとめ、被害者の一人が自殺しながら、本人は保釈金を払ってすぐに保釈されました。そして被害銀行は、オランダのフォルティスはじめ、ヨーロッパの大銀行がズラリと並んでおり、これこそ各国政府が庶民の税金で救済しようとしてきた金融機関なのです。

この事件で注目すべきは、富豪の隠し財産を運用するスイスの投資銀行ウニオン・バンケール・プリヴェが、詐欺師メイダフと莫大な取引きをしていたことです。なぜならこの銀行は二〇〇八年時点で、かつて「イスラエル銀行総裁」だったジャコブ・フレンケルが幹部重役の座にあり、個人の資産管理をおこなって、資産家の預金額で世界最大、ヘッジファンドとして世界第二位の投資銀行だからです。壮大なユダヤ金融ネットワークがそこにありました。アメリカ・メディア界の王者で強烈なシオニストのネオコンであるモーティマー・ズッカーマンや、映画監督のスティーヴン・スピルバーグも、この詐欺師と関係を持っていました。

現在の金融システムが持っている投機腐敗の構造を根絶しない限り、これからも金融犯罪による貧困は、地球上からなくならないのです。

世界中の政治家が、今おこなっていること、それは「盗人に追い銭《せん》」です。

日経BP社の〝BPnet〟に、アメリカの産業の実情を示すよいグラフが出ていまし

アメリカの産業別GDPシェア

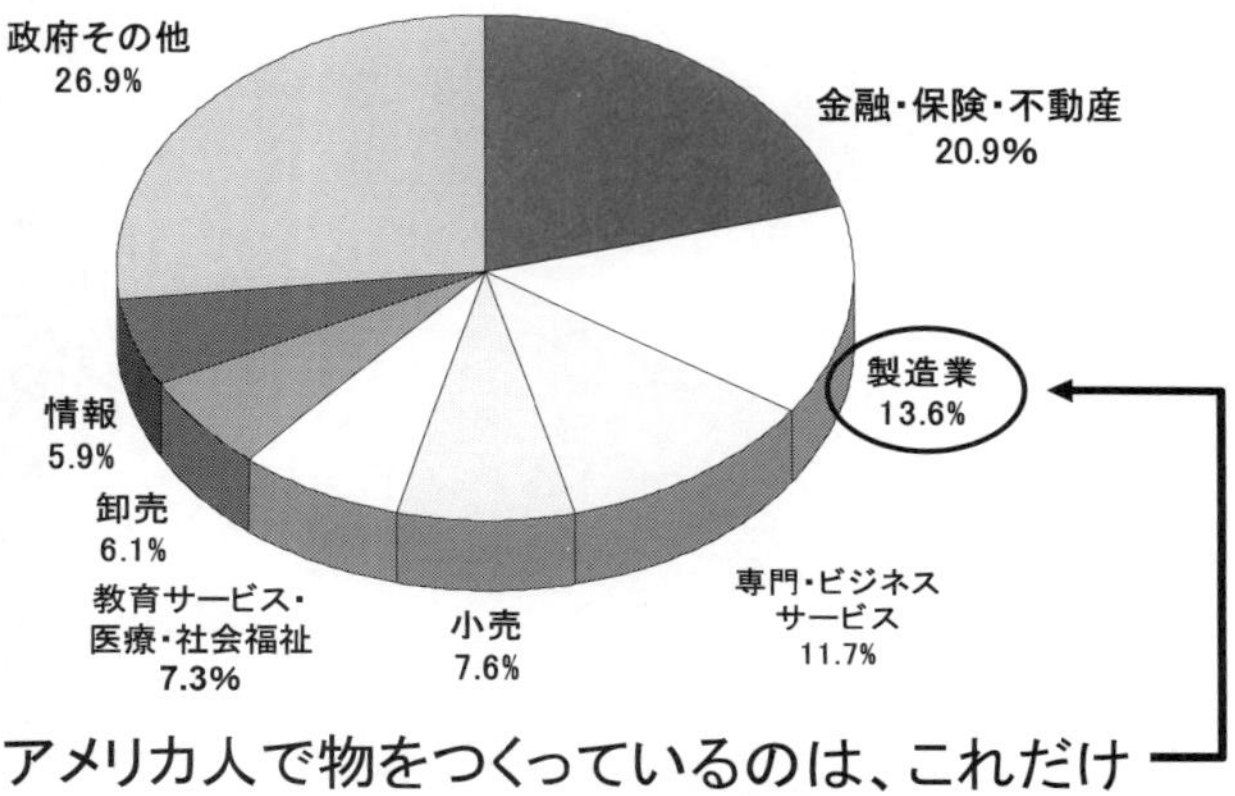

アメリカ人で物をつくっているのは、これだけ

(桐原涼「マネーの時代の終わり」より
日経BPネット、2008年10月14日)

た。政府機関を除けば、アメリカで最も高額のGDPをかせいできたのは、金融・保険・不動産部門で、そのシェアは実に二〇・九％、五分の一を超えているというのです。しかも金融業界の就労者は、数年前に私が調べた時にも数％しかいなかったのですから、そのかせぎぶりは、一人当たり、とてつもないサラリーにつながったわけです。ところが、この金融・保険・不動産がそろって破綻し、すべて現在の経済大崩壊を引き起こした張本人でした。その代表がリーマン・ブラザーズ、シティグループ、ＡＩＧ、ファニー・メイ、フレディー・マックだったわけです。

それに対して、製造業がかせいだＧＤＰは合わせても一三・六％にしか達しません。アメリカ人で物をつくってかせいできたのは、これだけです。

日本では、かなりのエコノミストや評論家が、「日本がアメリカやイギリスのように振るわないのは、いつまでもモノづくりばかりをやっているからだ。早く金融などサービス部門の成長にシフトしなければだめだ」と、口をそろえて言っていたのは、二〇〇七年の出来事です。この人たちから反省の言葉は、聞こえてきません。マスメディアは、彼らを取材するべきでしょう。

ヘッジファンドはすべてを知っている

皮肉にも、ここまで述べてきた事態に最も早く気づき、最もよく理解しているのは、ヘッジファンドなど、ウォール街に徘徊《はいかい》する悪賢い金融犯罪者たちです。この獣たちが、リーマン・ブラザーズ破綻後あらゆる市場で売り逃げたために、原油市場でも、穀物市場でも、世界各国の株式市場でも、大暴落が引き起こされたのです。〝ワシントン・ポスト〟では、裏庭に穴を掘って、せっせと札束を埋めているヘッジファンドの漫画が出ていましたが、それこそが答です。

当人たちは莫大な富をふところにしたままです。しばらく息をひそめ、非難の声がおさまるのを待って、次のチャンスが来れば、また新しいバブルに向けて動き出します。これが、次の株価上昇の動因です。

ところが、今回のバブル崩壊は、そのようにならないのではないか、という奇妙で希望的な仮説が出てきました。

ヘッジファンドの資本はいまや二兆ドル（二〇〇兆円）に達し、時には一〇兆ドル（一〇〇〇兆円）の資産を動かしてきました。ヘッジファンドの投機は、スケールの大きなラスヴェガスのカジノです。二〇〇八年現在のヘッジファンドはおよそ一万を数え、ほとんど規制されないまま、全世界で事業を展開しています。

アメリカでは、スワップ・ディーラーやコモディティー指数トレーダーと呼ばれるこれら投機的な取引きを規制する国家組織があります。商品先物取引委員会（ＣＦＴＣ＝U.S. Commodity Futures Trading Commission）と呼ばれ、大統領によって任命されるこの委員会が、まともに規制をおこなっていれば、これほどの腐敗は起こらなかったはずです。ところが、二〇〇九年現在、この委員長ポストにあるウォルター・ラッケンは、ルービンのグラス・スティーガル法撤廃と呼吸を合わせて、二〇〇〇年に投機規制を緩和する「商品先物近代化法」なる悪法を成立させた張本人でした。この小物を委員長に仕立て上げた黒幕を追うと、リチャード・ルーガーという、問題議員が浮かびあがってきました。

ルーガーは、もと穀物・家畜などのビジネスマンで、一九七〇年代からコーンベルトのインディアナ州上院議員となり、同じ州で下院議員となったダン・クエールと組んで、共和党政界での発言力を強めました。クエールは、すでに登場したように、のちに上院議員から副大統領となって米ソの和平交渉を妨害し続けた人物で、ハゲタカファンドのサーベラス国際投資部門のトップです。このルーガーが、上院農業委員会の委員長となってラッケンを育て、のちの商品先物取引委員会委員長が生まれたわけです。ルーガーは、イラクのフセイン政権打倒を訴える強硬派のリーダーとなり、上院外交委員長の権力ポストを握って、イラクと北朝鮮の脅威を煽り続け、パレスチナへの米軍派遣まで口にし、米軍のイラク占領延長を主張し続けてきた軍事ファッショの代表者です。性格が、ブッシュ大統領と生き写しの、影のような男です。このような人脈の手で、投機屋を放任する総本山・商品先物取引委員会が運営されてきたのですから、アメリカの再生は、まずこの分野の大改革から始めなければ、世界は救われません。

ヘッジファンドの資金のかなりの部分が、年金基金やさまざまな社会的活動を支援する組織的な基金によってまかなわれてきたため、大衆の受けた損害は甚大です。

これら金融犯罪者たちは、ほとんどがカリブ海諸国などのタックスヘイヴンを本拠地として活動しているので、その資産がどれほど巨大であるかという実態は、どこの国の政府にも分らない構造になっています。アメリカやヨーロッパの金融マフィアが、政界を裏から動かして、それを分らなくしてきたからです。

それに対して、たった一つの、新しい希望的な仮説というのは、こうです。それは、これらのヘッジファンドたちが、今度の金融崩壊では、初めてその巨大な損失に追われるのではないか、というものです。その原因は、過大な借金と、それをふくらませたレバレッジによるものだ、というのです。紙幣や株券は、あくまで紙に印刷したものにすぎません。昔の金本位制のように、ゴールドという金塊で裏打ちされてはいません。彼らが売り逃げたという巨大な利益も、その元手となった資金が借金であれば、すべてが帳簿上でマイナス方向に逆回転して、ヘッジファンドはレバレッジのきいた莫大な借金に追われるようになるだろう、というストーリーが成り立ちます。しかし、二〇〇八年末に全米が最悪の経済状態に落ちこんでも、二〇〇九年初めに株価が九〇〇〇ドルを回復した変化を見れば、やはり資産家がいまだに巨大な資産を握っていると考えざるを得ません。

その最大のヒントになるのが、不思議な男ジョージ・ソロスです。

ジョージ・ソロスの謎だらけの金言

ちょうど金融サミットG20が開催される二日前、二〇〇八年十一月十三日におこなわれた下院の公聴会には、ヘッジファンドの代表者の一人としてジョージ・ソロスが出席し、ヘッジファンドが今日の金融危機に及ぼした影響などについて証言を求められ、自分がサブプライム・ローン崩壊で莫大な利益をあげたことなどそっちのけで、流麗な言葉を駆使して「金融システムを批判する」持論を展開したのです。

その発言を紹介する前に、あまりにも有名な人間ですが、ジョージ・ソロスなる怪人の履歴を簡単に紹介しておきましょう。

暗黒の木曜日がウォール街を崩壊させた翌年、一九三〇年にハンガリーのブダペストにユダヤ人の息子として生まれたソロスは、ナチスが支配するヨーロッパで恐怖の少年時代を過ごしたあと、戦後一九四七年、青年となってイギリスに移住しました。ロンドンで経済学を学んだあと、アメリカに渡ったのは一九五六年でした。フランクフルトのロスチャイルド商会の代理店として歴史的に有名なブライヒレーダー商会に入ったのが一九六三年で、自らファンドを立ち上げて財政基盤となる国際ファンド・ビジネスをスタートし、拠点をロンドン、チューリッヒ（スイス）、キュラソー（カリブ海のタックスヘイヴンの島）に置いて、突如〝世界最大のマネー・マネージャー〟の異名をとるようになりました。

ジョージ・ソロス　AP Images

アメリカで台頭するとき、事業をロスチャイルドと組んで進めてきたので、投資で利益をあげる世界的なメカニズムを完全に理解しているという点では、ただの投機屋ではなく知恵ある哲学者です。大学でアカデミックな経済学を講じてきたFRB議長バーナンキのような人間は、ソロスから見れば何も知らない子供のような存在です。

一九八〇年代からマイケル・デヴィッド＝ウェイルと並んでウォール街の収入番付でトップを争う大物になったソロスは、一九九二年にはイギリスのポンド売りを仕掛けてイングランド銀行を危機に陥れるかと思えば、一九九三年には窮地にあるロシアのエリツィン大統領に一億ドル（一〇〇億円）を寄付して金融界を驚愕させ、その年に一人で動かした金額が一兆円をはるかに超えました。ソロスのヘッジファンドが国際的に非難を浴びたのは、一九九七年にタイの通貨バーツを売り浴びせて暴落させ、バーツの交換停止にまで追い込んだ時でした。これがマレーシアのリンギット、インドネシアのルピア、フィリピンのペソ、シンガポール・ドル、韓国のウォンを連鎖的に暴落させ、アジア全土に経済崩壊を招いたからです。この一九九七年に、日本で北海道拓殖銀行と山一證券が連続破綻して、日本国内が恐慌状態に陥ったことは、決して古い出来事ではありません。二〇〇二年にはインサイダー取引きの罪でパリの裁判所が有罪判決を下し、ソロスは巨額の罰金を支払いました。

この時期から、ソロスはアメリカの政治と民主主義の危機を訴えて、政治的な活動をスタートすると、ジョージ・W・ブッシュ大統領をナチスにたとえて危険人物として烈しい攻撃を開始しました。特にブッシュが再選された二〇〇四年には、危機感をつのらせて長男ロバート・ソロスにファンド経営を任せ、もっぱらブッシュ政権打倒のために私財を投じて全米のキャンペーン活動に全精力を注ぎました。

ところが二〇〇七年にサブプライム・ローン崩壊が始まると、引退していた立場を捨てて市場取引きに復帰し、動きを正確に読み取ると、たちまち二八〇〇億円をかせいでヘッジファンド富豪として第二位になりました。その年の夏には早くも、「アメリカ経済が景気後退（リセッション）に入りつつある」と予言し、ただちにソロス・ファンドの投資先を変えながら次々と手を打って三二％の利益率をあげ、四〇億ドルをかせいだとされます。二〇〇八年初めには、新著を出して、「金融崩壊はまだ始まったばかりだ」と警告し、住宅バブルを招いたブッシュ政権と金融監督官を痛烈に批判しました。原題は"The New Paradigm for Financial Markets: The Credit Crisis of 2008 and What It Means"

――「金融市場の新しいパラダイム（システム）――二〇〇八年の信用危機が意味するもの」で、訳書は『ソロスは警告する　超バブル崩壊＝悪夢のシナリオ』（講談社）ですが、これまでの金融市場の考え方を改めなければならないと主張したのです。

ソロスは、ドルは近いうちに世界の基軸通貨ではなくなり、資金ぐりに苦しむ時代が来ると警告したのですが、政府の経済担当者や経済学者はヘッジファンドの親分が言うことですから、頭から馬鹿にして耳を傾けず無視してきました。ところが、サブプライム・ローン崩壊が招いた今回の事態を「私の生涯で最大の経済危機・スーパーバブル」と呼ぶソロスは、十一月、とうとう議会の公聴会に招かれたのです。

この男はいつでもそうですが、自分がおこなった犯罪的な行為は棚に上げて、必ず、的確な、〝正しいこと〟を率直に言う人物なのです。

「日本人には金融は向いていない」「資本主義は崩壊しつつある」「金融グローバリズムは間違いだ」「ブッシュはナチスだ」などと、私が思っていることを言い続けてきたのです。

ソロスの長い議会証言をあとで読んで驚きましたが、その主張は本書のコースを外れていませんので、興味深い言葉の一部を紹介しておきましょう。

――二〇〇六年には、すでに住宅価格がピークに達していることは明らかだった。FRBがサブプライム・ローンの損害を小さく見誤ったのだ。これは、独立した損害ではなく、広大な借金が広がるマーケットだった。当局の打つ手は後手後手だった。

――アメリカが投票権を握っているIMFがやっていることは、貧しい国を救済するのに不充分だ。

――もはや景気後退は避けられない。一九三〇年代以来の、最悪の金融危機に直面しているのだ。この危機をおさえこむには、現在の市場原理を変えるほかない。経済指標は市場の動きを正確に反映していない。これが間違いの元だ。経済指標が市場の動きと異なるために、とんでもない危機の領域に入って、勝手に動いてしまう。

――経済の上昇ブームと崩壊の典型的なパターンは非対称である。経済の上昇ブームはゆっくり始まって次第に加速して行くが、崩壊が起これば、それは短時間で急激に起こる。

――不動産バブルが起こったのは、大衆が金を借りたいという欲望をふくらませ、住宅価格の上昇に対して期待したからだ。しかし不動産の価値は、金を借りたいという大衆の意志とは無関係であることに気づいていない。だから不動産バブルが起こったのだ。

――これを見誤った責任は、FRBと、財務省と、SECにある。グリーンスパンが間違えたのだ。FRB、財務省、SECの規制当局が責任を表明していない。

――これは今までとは違うスーパーバブルだ。グローバリゼーションが金融資本を野放しにした。各国がそれに課税もできず、規制できない怪物にしてしまった。アメリカでは金融部門が株式市場の時価総額の二五%を占め、ほかの国ではもっと高い割合のところもある。CDS（クレジット・デフォルト・スワップ）は見かけ上、五〇兆ドル（五〇〇〇兆円）を超えるところまでふくれあがってしまったが、まったく規制がない。AIGはこれを保険として売りさばいてきた。そのため政府が、その損失を莫大な金で穴埋めする始末だ。

と、好き放題言ってますが、この男が、この金融崩壊のもうけ頭《がしら》なのです。ソロスの言うことに間違いはないでしょう。

ニューヨーク証券取引所の株価が続落し、二〇〇九年三月二日に七〇〇〇ドルを割る本格的な危機に突入しました。AIGに対するアメリカ政府支援額は一八〇〇億ドル（一八兆円）に拡大し、五日にAIG株価がたった三五セントにまで急落、シティグループの株価は一ドル二セントにまで落ち、翌日GM株も一ドル二七セントに落ちました。経済崩壊は加速度をつけ、すさまじい勢いで底なし沼に突入しつつあるようです。

アメリカ側の解析では、本当の経済危機はこれからやってくるという見方が有力で、失業率の急増が止まらないところに最大の危機があります。二〇〇七年末に比べて、わずか一四ヶ月で五〇〇万人近くが職を失い、失業率が一割に急迫してきた事態は、きわめて深刻です。もはや超大国アメリカの姿はどこにもなく、〝ニューヨーク・タイムズ〟のヒトコマ漫画も、オバマ大統領に対する期待どころか、「オバマが公約した変化」にこめた庶民の悲願は「新興宗教」であるという光景を描くようになっています。

これからアメリカは、どこに向かって走ってゆくのでしょうか。

では、この国際情勢の激しい変化のなかで、私たちの日本はどこまで巻き込まれるのか、これからいくらアメリカから金を要求されるのか、早いうちに不安の正体をしっかり見きわめておきましょう。

第三章　日本がとるべき新しい進路

リーマン・ブラザーズたちが日本に残した足跡

二〇〇四年、リーマン・ブラザーズが六本木ヒルズにアジアの拠点を移しました。

それで日本に何が起こったでしょうか？

翌二〇〇五年二月には、堀江貴文《たかふみ》率いるインターネット事業大手ライブドアがニッポン放送株を大量に買い占め、フジサンケイグループと激しい争奪戦を演じて、大騒動を起こしました。二〇〇六年には、堀江貴文社長らライブドア幹部四人が証券取引法違反（偽計、風説の流布《るふ》）容疑で逮捕されて、事件は急速に収束してゆきました。注目されたのは、このホリエモンばかりでした。

しかしこの事件が起こった時、二〇〇五年初めから、ライブドアに八〇〇億円の買収資金を提供したのはリーマン・ブラザーズであり、その掌中で、ライブドアによるニッポン放送～フジテレビ買収劇が起こったのです。リーマンはこの騒動の渦中で、ライブドア株を大量に売却して、資金をたちまち回収し、三月末までに一〇〇億円の利益を荒稼ぎしました。六本木に乗りこみ、堀江貴文社長をけしかけ、子供のように手玉にとるのは、M&

Aのプロであるアメリカの金融マフィアにとっては朝飯前のことです。彼らが仕組んだ強欲なスキャンダルであったことを、日本人はすっかり忘れて、ライブドアが正しいか、フジサンケイグループが正しいか、といった見当違いの論争を展開していた日本のマスメディアの姿は、漫画そのものでした。

しかも当初、ライブドアはいわば「無資本の虚業」と見られ、そうした話が数年前から経済界では噂されていたのです。「いつ崩壊してもおかしくない」という話を、私も聞いていました。ところが、日本の経済を預かる経済財政担当大臣・金融担当大臣であった竹中平蔵が、このライブドア社長の堀江貴文を経済改革の旗手として持ち上げました。さらにこのニッポン放送株をめぐるインサイダー取引きで逮捕された村上世彰《よしあき》の村上ファンドに投資家として利殖し、資産を転がしていた福井俊彦が現職の日銀総裁でした。加えて恥ずかしいことに、リーマン・ブラザーズ証券東京支店のジャパン・アドバイザリー・ボードメンバーというれっきとした顧問役に、大蔵省の国際金融局長や財務官をつとめて、メディアに「ミスター円」と呼ばせ、肩で風を切ってきた榊原英資《さかきばらえいすけ》と、経済企画庁長官をつとめた堺屋太一《さかいやたいち》らが入っていたのです。

リーマンの鴨《かも》ネギにされるような人間がぞろぞろと、日本という国家の財務を担当し、堂々と評論家やエコノミストとしてまかり通る。それが日本の金融の実態では、この先の国際情勢を、国民である私たちがしっかり見据えていかなければなりません。なぜなら、盗まれる国家の金は、国民の金だからです。

すでに、農林中央金庫が、アメリカの金融バブル商品を買いあさって莫大な損失をこうむったことが明らかになっていますが、農林中金は、全国の農協・漁協などが集めた資金の投資運用を受け持ち、利益を農協などへ還元して、農民・漁民の資産を守らなければならない大切な金庫です。さらにほかの銀行も、経理に手を加えて、同じような損失を隠しているとの疑惑が次々と広がっているのです。

日本はアメリカの奴隷国家か

アメリカとの悪しき関係が特に強まったのは、小泉純一郎が首相に就任してからです。アメリカかぶれのこの男が登場した時期も、日本人にとってまことに不運でした。二〇〇一年四月に総理大臣に就任した小泉は、五ヶ月後に9・11世界貿易センタービル崩壊事

ウォール街を中心とした日本の主な国際収支（2003年イラク攻撃開始の年）

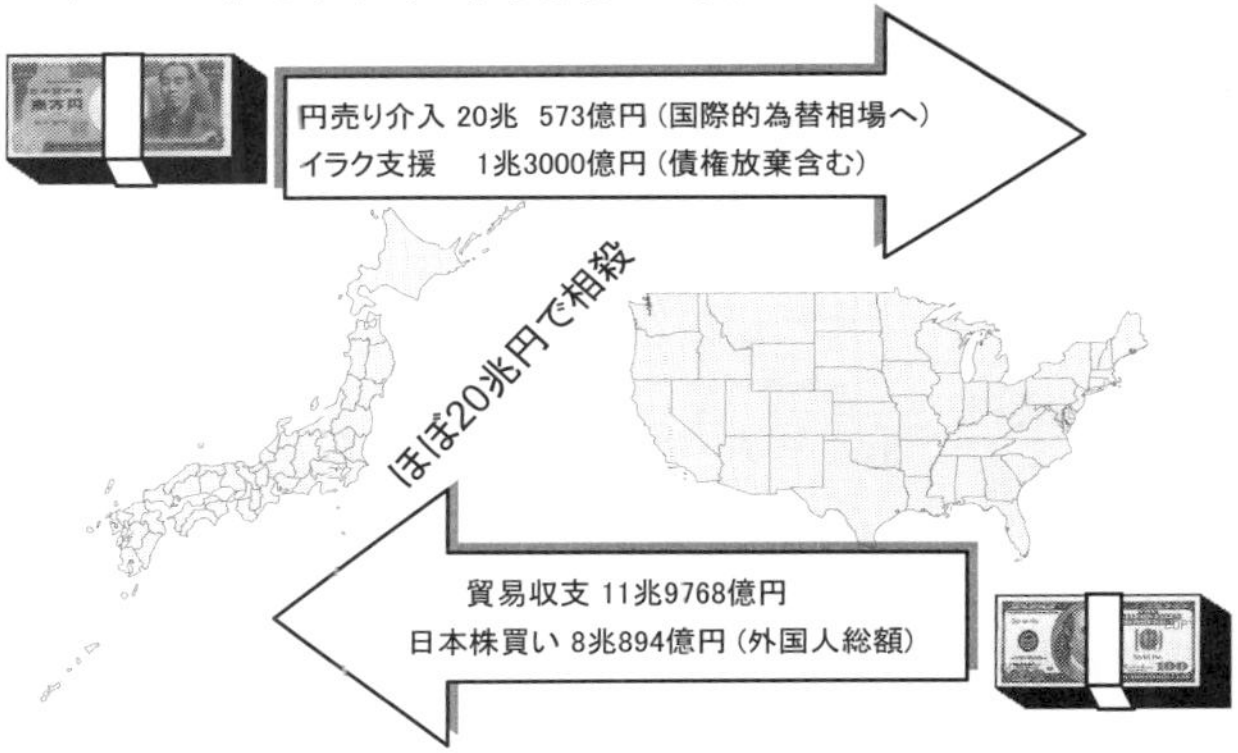

件が起こると、たちまちブッシュの飼い犬に名乗り出て、「アメリカ、アメリカ」と吹聴する政策に日本を引きこみました。最悪だったのは、二〇〇三年三月に、国際社会がこぞって、アメリカとイギリスのイラク攻撃開始計画を痛烈に批判するなかで、小泉純一郎がイラク攻撃の必要性を強調したことです。

その二〇〇三年に、日本の金は、どんどんウォール街に流れました。あとでくわしく述べますが、日本の株価上昇が始まったのが、この時からです。その年、日本は、貿易収支で一二兆円の黒字、さらに東京証券取引所における外国人の日本株買い八兆円で、合わせて二〇兆円近い入金があったのに対して、こ

ウォール街に流れた日本国民の大金

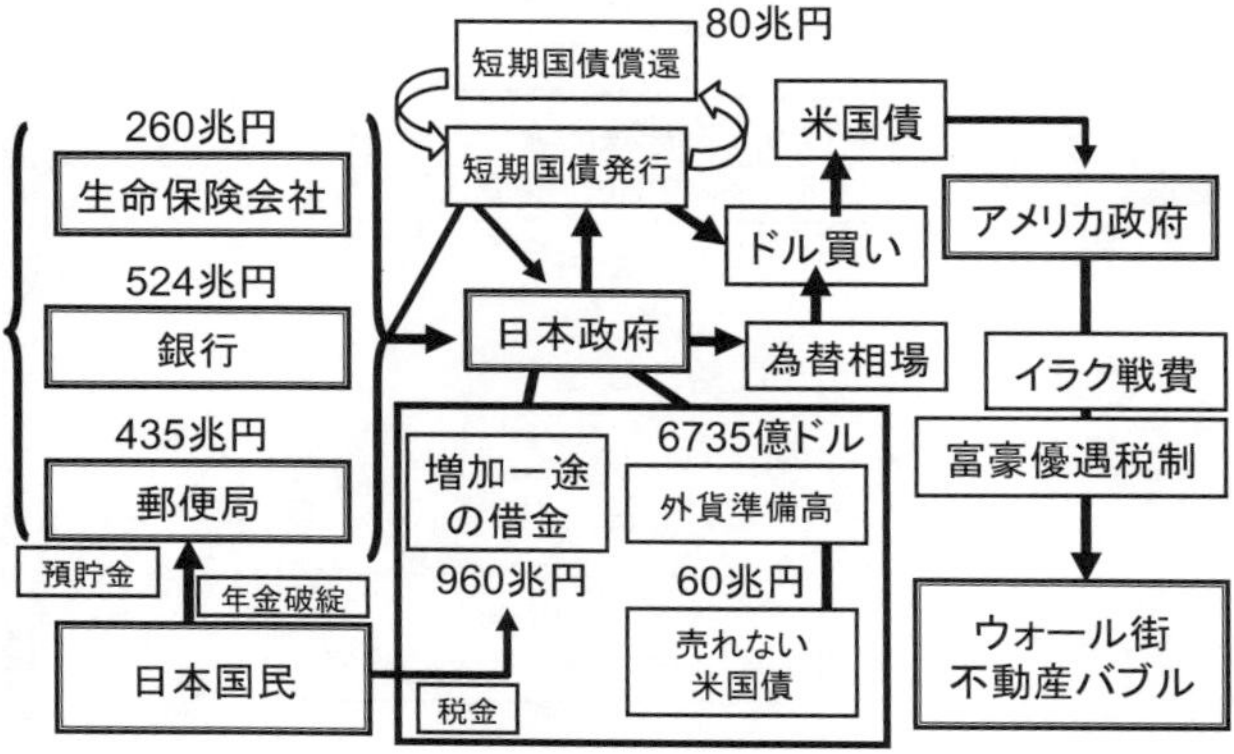

の輸出を維持するために円売り介入をおこなって二〇兆円をそっくり国際為替相場へ流しこみました。さらにイラク支援と称して、一兆三〇〇〇億円もの金を気前よく払いました。そればかりではありません。

そのころ、ウォール街に流れた日本人の大金を図解すると、このようになります。左側にある日本の金融機関（生命保険・銀行・郵便局）から、国債などの形で政府が資金を集めると、為替相場でのドル買いや米国債の購入などで、アメリカ政府にどんどん金が流れました。こうして日本は、外貨準備高が六七三五億ドル（六七兆円）にも達し、そのうちほとんどを占める六〇兆円が、米国債という〝売れない紙屑〟に化けました。しかも日本は国と地方の借金が合わせて九六〇兆円にふくらんだのです。一方アメリカ政府は、日本からの大金を得て、イラク戦費と、富豪優遇税制などの資金に投入し、これがウォール街に流れました。

まさしく、日本人の原資をもって、サブプライム・ローンが隆盛したことが、今になって分ります。この日米関係の金融が今日まで連綿と続いてきたのです。

年が明けて二〇〇四年一月十六日には、イラク派遣の陸上自衛隊が防衛庁を出発して、日本は戦後再び完全なアメリカの属国となりました。第一章で、アメリカの国家予算は、二〇〇八年度に二兆九五五〇億ドルの歳出であることを紹介し、一九三〇年以来の金融崩壊を救済するには、この予算の二倍規模の資金が必要だというアメリカ財政の窮状を説明しました。この予算は、ちょうどリーマン・ブラザーズが破綻した月までの話です。その歳出のうち、日本ではほとんど注目されませんが、イラクとアフガニスタンで展開されているすさまじい人殺し戦争に要する国防費が、前年度に比べて六六〇億ドルも増えて、五九五〇億ドル（ほぼ六〇兆円）に達しているのです。

このような金融救済と軍事費の膨張による財政赤字を穴埋めするため、これからまた、米国債が日本に売りつけられます。これは、本来は金を出す当事者の日本人、つまり国民である私たちが深刻に考えなければならないことなのに、「外国からの借金に頼って財政を運営しているような状態でいいのか」とホワイトハウスを批判しているのは、アメリカの経済記事なのです。

アメリカの議会予算局の数字を見ると、オバマ新政権に引き継がれた二〇〇九年度の歳出は、当然のことながら、さらに増加が計画され、おかしなことに個人からの税収が、前年度に比べて一割以上も多く見込まれています。多くの国民が買い物もできない状態で、そのようなことがあり得るのでしょうか。予算が足りなくなれば、アメリカはどこの国に金を求めるでしょうか。

ドナルド・ラムズフェルド国防長官の後を継いで、ブッシュ政権国防長官となったロバート・ゲイツは、オバマ新政権でも留任することになりました。ラムズフェルドよりましだと、日本の新聞は好意的に書いていますが、とんでもない評価です。この人物は、もとCIA幹部としてニカラグア主要港の機雷封鎖、軍基地爆撃事件やイラン・コントラ武器密輸事件などの国際謀略事件に関与して、CIA長官にのしあがったのですが、この男の履歴を紹介した国防総省のウェブサイトに、奇怪なことが書かれています。国防長官になる前のゲイツは、全米最大のミューチュアル・ファンド（Independent Trustees of The Fidelity Funds）の会長であったというのです。このファンドの実態は分りませんが、そのような大金を動かす職にあったことは、日本の自衛隊が米軍の木戸番をつとめる現在、アメリカの国防予算が急増していることの時期だけに注目すべきことでしょう。アメリカは国を挙げて、実戦用小型原爆の開発に向かっています。ここでも必要になるのが、日本人の金なのです。

日本政府が買いこむ外貨は何に使われるのか

こうして日本の外貨準備高は、ますます増え続けて、二〇〇八年二月末に一兆ドルを突破しました。売れない一〇〇兆円の紙屑をためこんで、大金持だと喜んでいるのが、日本の財務省です。

一〇〇兆円は、現在の一般会計予算をはるかに超える金額です。

小泉政権になり、特に米軍のイラク攻撃が始まった二〇〇三年から、この外貨準備高が

日本の外貨準備高

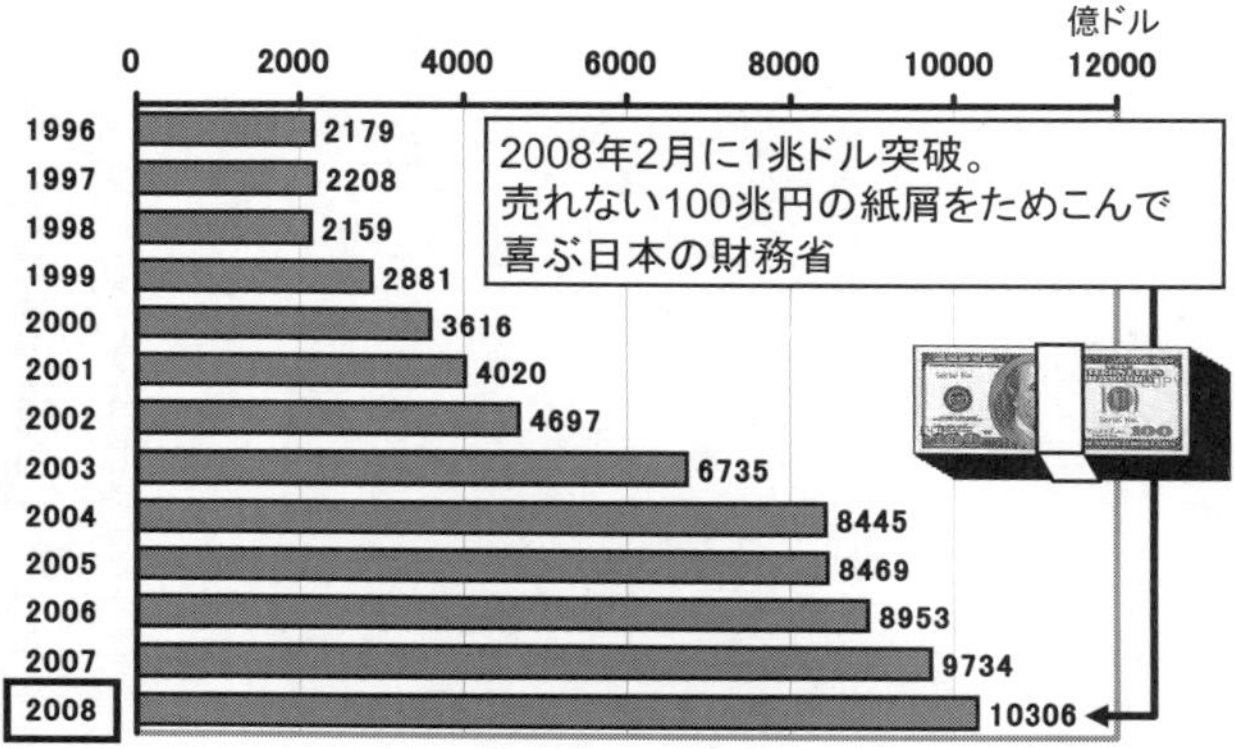

急増してきたことが、上のグラフに明らかに出ています。十年で四倍以上になってしまいました。このうち、八割を占めてきたのが、米国債の購入です。

しかし日本に米国債を買い続ける余力がないことは、もうはっきりしています。二〇〇七年には外貨準備高に占める米国債の割合が六割に下がりました。むしろアメリカの国民を助ける前に、一〇〇兆円の紙屑を売り払って、苦しんでいる日本の国民を助けるべきだ、なぜそれをしないのかと、国民は思っています。

アメリカ政府が金融崩壊を救済するためには、二〇〇八年末の推定で少なくとも五〇〇兆円以上の大金が必要ですが、ウォール街から流れてくる予測では、それは当面の救済にしか役立たないと見られています。つまり、アメリカ国民が暮らすメインストリートの経済が悪化の坂道を転げ落ちると共に、どんどんその必要額が増えてゆき、政府がもたないだろうと言うのです。

アメリカの赤字財政を救える唯一の手段、米国債の購入者は、長いあいだ日本がダントツの首位でしたが、二〇〇八年八月に、香港を含めた中国がトップに立ちました。

アメリカ財政を救済してきた上位一〇ヶ国は、次頁のグラフのように二〇〇七年末までは、日本、中国、イギリス、石油輸出国、ブラジル、タックスヘイヴンのカリブ銀行センター諸国、ルクセンブルク、ドイツ、シンガポール、韓国でした。世界不況にあえぐ現在では、このうち中国を除いて、米国債を購入する余力はありません。二〇〇八年に急速に米国債を購入して七位にあがったロシアも崩壊、石油輸出国も崩壊です。しかも残る中国が、アメリカへの輸出で伸びてきたのですから、アメリカからの収入が断たれれば、崩壊の瀬戸際です。

こうなると、アメリカ政府財政が生き延びる手段は、とんでもない手口しか残っていません。米国債を中央銀行のＦＲＢが買い取って、ＦＲＢがそのためのドル札を印刷すると

米国債を誰が買ってきたか

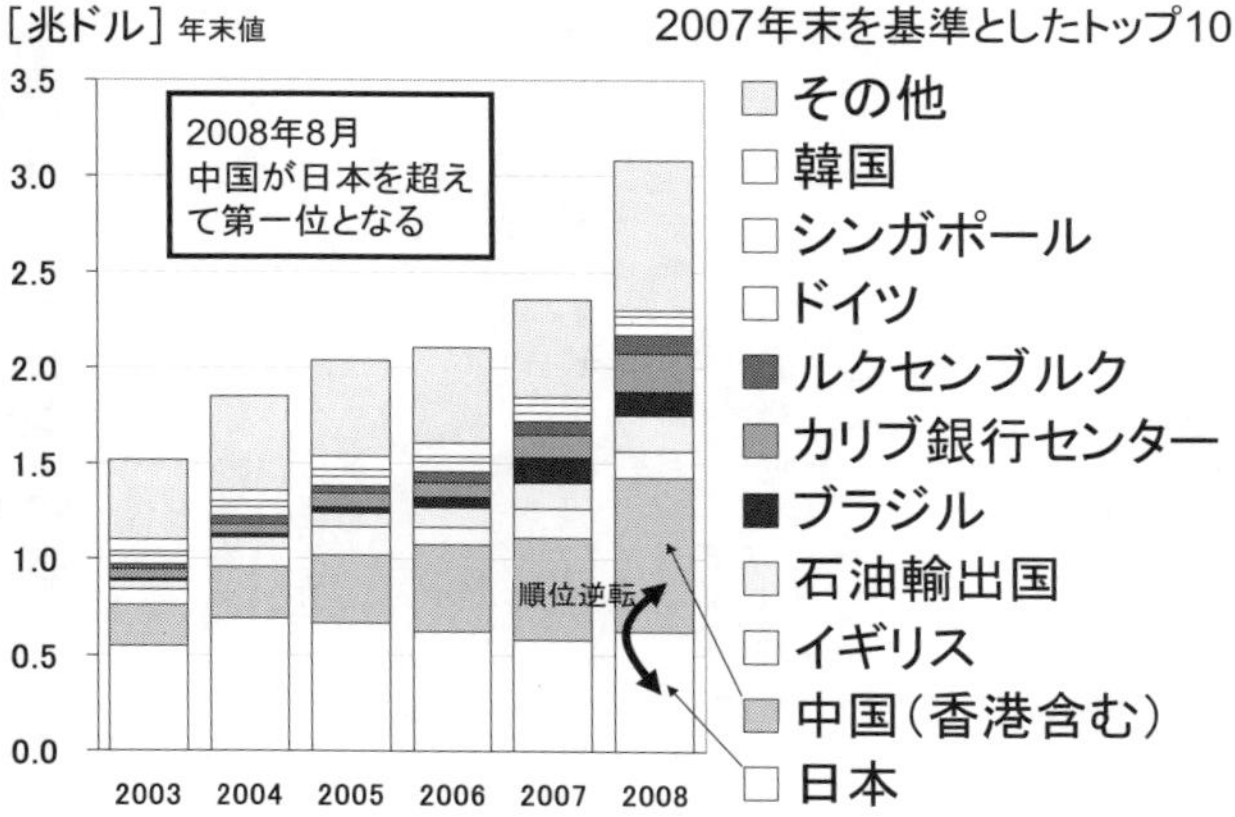

いうイカサマです。印刷局の輪転機を回せば、ベンジャミン・フランクリンの肖像を描いた百ドル紙幣は、いくらでも印刷できます。フランクリンは印刷業で成功して政治家になり、アメリカを独立に導いたのだから、合理的なストーリーです。しかし国の借金を国が買い取って、アメリカが〝偽札〟まがいの価値のないドル紙幣を大量印刷しているとなれば、全世界はあきれてドルを信用しなくなり、またたくまにドル売りが広がります。これこそが、ジョージ・ソロスが予言した「ドルの暴落」のシナリオなのです。ドルは近いうちに世界の基軸通貨ではなくなり、資金ぐりに苦しむ時代が来るというソロスの警告は、世界

各国が正しく経済分析をおこなうなら現実味を帯びてきます。ドルで外貨準備高を保有する日本は、ドルの暴落によって、大損することになります。

アメリカ中央銀行のFRBとは、連邦準備制度理事会の略ですが、準備（Reserve）とは何を意味するのでしょう。百年ほど前の一九一三年にこの中央銀行が発足した時は、金本位制の時代でした。つまり中央銀行が発行するドル紙幣は、それを銀行に持ってゆけば、世界中で通用する金塊（ゴールド）に交換できたのです。どこの国の紙幣もそうでした。したがって国家は、発行した紙幣に見合った量だけ、換金できるゴールドを金庫に保有して、通貨の国際的な価値を保証する必要がありました。そのゴールドを準備（リザーブ）して紙幣の価値を保証する、という意味がFRBの名称に含まれていたはずなのです。

ところが現在の通貨制度は、一九七一年八月十五日に、ニクソン大統領が金とドルの交換停止と、金本位制の廃止を発表したニクソン・ショック以降、世界中が金本位制を廃止したのですから、何の保証もない「信用」だけによって、為替相場で各国の通貨をやりとりして、「基軸通貨はドルである」という虚像を成り立たせてきました。

いま、この虚像が、ガラガラと崩れました。

さらに大規模なイカサマも考えられます。オバマ新政権の財務官僚が、新ドルを発行して通貨切り下げに踏み切れば、ドルの価値を一夜で変えることができます。つまり帳簿上のトリックで、国家の負債を激減させることが可能になるのです。貯蓄率が低く、ローンが全米に蔓延しているアメリカでは、この数字のトリックだけで、国家と企業・国民の重荷になっている借金の大半が吹き飛ぶという寸法です。ベンジャミン・フランクリンに代って、アラン・グリーンスパンとロバート・ルービンが並んでほほえんでいる肖像を描いた新百ドル紙幣が似合うでしょう。歴史的に、このような緊急手段は、決してあり得ないことではないのです。

敗戦直後の日本政府が、一九四六年二月十六日、突然ラジオで、従来の紙幣の流通停止と、新紙幣（新円）の発行を発表した金融緊急措置令がそれです。銀行が資金不足で倒産の危機に直面した当時、通貨の増発で救済しようとしましたが、これがハイパーインフレを招いて収拾がつかなくなったため、大蔵大臣・渋沢敬三が、流通している円をいきなり凍結して、新円の発行に踏み切ったのです。国民にとっては寝耳に水の発表で、手持ちの円が使えなくなり、封鎖された旧円の預貯金が大損となりました。

こうした明日を予測して動いている人間がいます。やはり、最後に信用できるものはゴールドだと、金塊を買いあさる人たちです。莫大な富を持っている人たちにとっては、アメリカの動き次第では、その価値が激減するかも知れない通貨の預貯金や株券で保有するより、正しい選択なのでしょう。原油価格が下落した二〇〇九年三月でも、金価格は異常な高値水準にあります。

日本は輸出だけにすがっていてよいのか

こうして、為替レートの激変が大きく注目される時代になりました。日本政府（財務省）は、ドル買いによって円高を阻止しようと、必死になって資金を為替相場に投入し、トヨタやソニーのような輸出企業を保護してきました。アメリカの金融崩壊で、その直撃を受けたこれらの輸出企業が、大量の従業員解雇を発表した今、これらの企業で働いてきた人たちにとっては、本当に深刻な事態が進行しています。

ここで、輸出企業が本当に日本人を豊かにしているのかどうかを、再び考え直す必要があります。トヨタの年間販売台数の七割以上、ソニーの売上高の八割が、国際市場によるものでした。「だからグローバリズムがなければ日本は生きてゆけない」と結論するのは、あまりに短絡的ではないでしょうか。

実際には、トヨタやソニーが、たとえばアメリカ人に一〇〇万円の自動車やエレクトロニクス製品を売って得た代金で、労働者の賃金と、部品メーカーに代金を支払い、さらに残った利益で設備投資ができなければ、これらの大企業も成り立ちません。ところがこれらの輸出企業は、一〇〇万円のモノを売っても、すぐにその輸出代金一〇〇万円を手にすることはできないのです。

なぜそれが簡単にできないかと言えば、トヨタやソニーがアメリカ人に一〇〇万円のモノを売って手にできるのは、一万ドルというアメリカの紙幣だからです。一万ドルの紙幣を手にした輸出企業が、これを日本で使える円紙幣にしようと、外国為替相場で換金すれば、円高ドル安が進んでしまい、自分の首を絞めることになります。そのためここに、日本の銀行のアメリカ支店が登場してきます。

トヨタの現地法人である北米トヨタは、たとえば、某邦銀のニューヨーク支店に行って、一万ドルを一〇〇万円に換金します。これでトヨタは万々歳です。ところがこの銀行のニューヨーク支店は、日本から送った一〇〇万円を元手に、トヨタから一万ドルの資金を手にしても、それを日本に持ち帰りたくありません。景気の悪い、金利ゼロの国・日本で投資しても利益を生み出さないという理由から、利率の高いアメリカで運用したくなるのは当然です。

投資するため一万ドルの金をウォール街に投げこみます。こうして、トヨタがかせいだ金は結局、アメリカ人の生活のために、再びサブプライム・ローンとクレジットカードなどに流れてきたのです。この例で、邦銀のニューヨーク支店に日本から送金された金は、もともと日本人の預金です。トヨタ工場や部品メーカーの労働者が銀行に預金した生活資金であるとすれば、その金がどんどんアメリカに流出していることになります。この日本資金の海外流出こそが、日本の経済をますます弱くしてきた元凶なのです。

これでは、大半の輸出代金が、金利の高いアメリカの金融市場に流れているだけです。アメリカに大金を流しこんできたのは、大手都市銀行だけではないのです。保険会社、地方銀行、信用金庫、労働金庫、農協など、国民の金を集めてきたところは、みなそれをどこかに融資して増やさなければならない。ところが、日本の国内が不況であるため、収入源となる融資先がない。その上、日本の金利がほとんどゼロとなっているため、ウォール街にあふれかえっている怪しげな金融商品に手を出す。高金利の誘惑に惹《ひ》きつけられます。その最も大きな原因をつくったのが、バブル崩壊後の銀行の不良債権を処理するために、銀行が負うべき負担を国民に支払わせた日銀のゼロ金利政策です。

これで国民が失った資産が、莫大なものになることを忘れてはいけません。複利計算では、四%の利率で定期預金すると、十年後には元金の大体一・五倍にもなります。つまり過去には、たった十年で元金の半分がもらえるほど、利息は日本人の生活を支えてきました。一体どれほどの国民の金が、今この愚策のために失われているでしょう。ゼロ金利政策が始まった一九九九年には、日本人の個人金融資産のうち、預金がほぼ七〇〇兆円でしたから、この無利子政策のために、ここ十年で国民が盗まれた資産は、三〇〇〜四〇〇兆円というとてつもない金額になるのです。複利計算をしてみてください。一〇〇〇万円の預金を持っていた人は、五〇〇万円増えていたはずです。それがすべて銀行に盗まれて、銀行が空前の利益をあげて笑ってきたのです。日本政府の誰が、この白昼強盗を実行させたか、思い出してください。そのため、本来は市中に出回って産業界と日本人の生活を潤すはずの金が消えてしまい、しかもアメリカにどんどん流れてスーパーバブルを生み出し、私たち日本人を疲弊の底に沈ませました。これが、地方都市の経済をぼろぼろに崩壊させた小泉純一郎と竹中平蔵の構造改革路線です。

しかもアメリカに進出した日本企業を見ると、たとえばトヨタ自動車がカリフォルニア州フリーモント市にゼネラル・モーターズと合弁で設立した会社NUMMIは、現地のアメリカ人労働者数千人を雇って、トヨタカローラの現地生産をおこなっています。そのカローラの輸出台数のどこに意味があるのでしょうか。二〇〇八年にトヨタが海外で販売した自動車のうち、海外で生産されたものが六四%を占めていました。このようにして、大企業はグローバリズムだ、グローバリズムだと言いながら、日本国内の工場を空洞化して、加速度的に失業者・臨時工・期間工・派遣労働者を増やすエンジンになってきたわけです。これでは、日本人（日本経済）にとって、どれほど輸出に意味があるのか、まったく分からないということになります。

日本人は、今まで通り黙々と勤勉に働いて、必要なものはできるだけ日本国内でつくり、安全な食べ物と製品を買うように心がけ、その上でゆとりがあれば、決してアメリカではなく、アジア・アフリカ・中南米・東ヨーロッパなどの苦しい国々に援助をしてゆくように、羅針盤の針を大きく切り換えるべき時代が到来したのです。

郵政民営化は大規模な「振り込め詐欺」である

最も笑うべき経済解説は、日本がバブル崩壊後に巨額の税金を投入した経験を、アメリカがどのように活かして現在の金融崩壊を解決するか……といった、麻生太郎や若手経済記者たちの、日本の体験論です。

現在の日本は立ち直ったのですか？　ＧＤＰ世界第二位という数字に、どのような意味があるのですか？　どこが世界第二位の経済大国なのですか？

不安を抱えた多くの日本人は、こう尋ねているのです。

私たちが今、どのようなところに立っているかは、最近のことばかりを論じても分りません。日本でバブル経済が始まってから四半世紀にわたる長い目で、日経平均株価を見てみましょう。

この株価だけを見ても、四半世紀前の一九八四年、第二次オイルショック後の日本がき

バブル経済以後　1984年～2008年の
東京証券取引所・日経平均株価

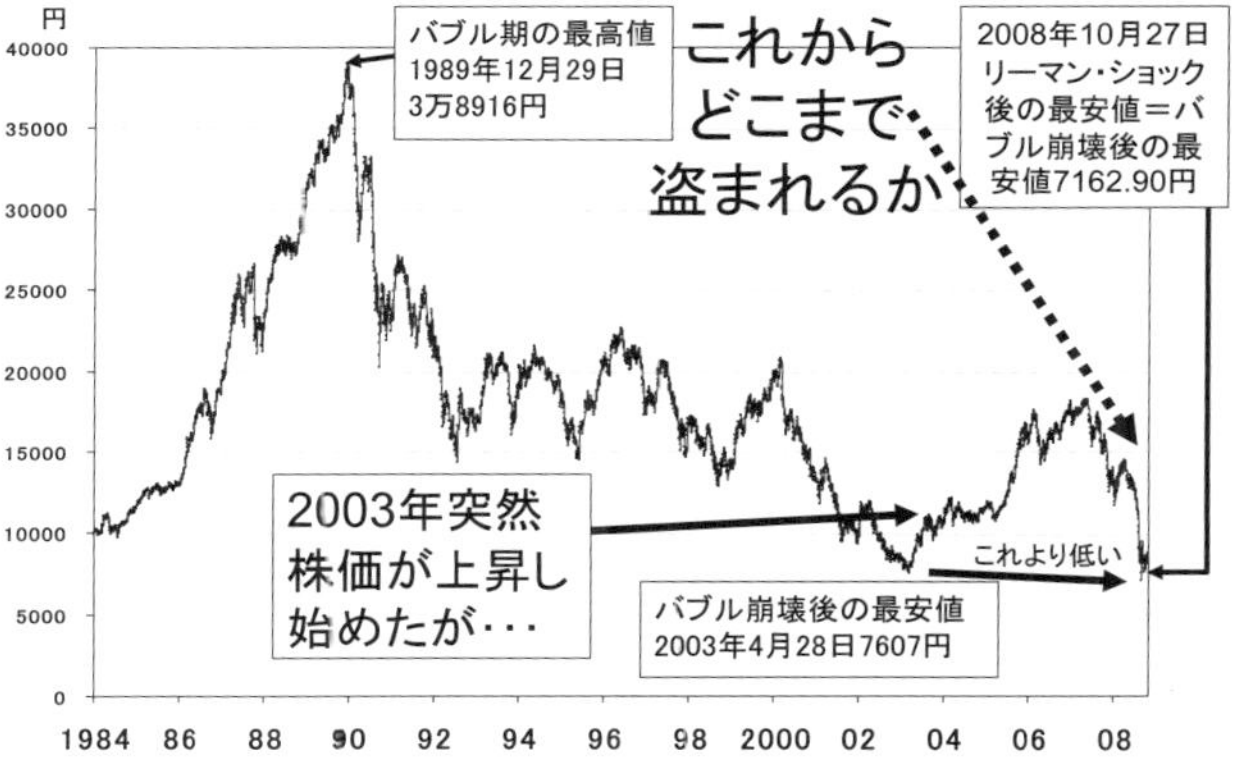

わめて苦しい時代より、さらに低い株価のところを、現在の私たちの経済がうろうろしているのです。この四半世紀は何だったのかと、ショックを受けます。二〇〇三年に突然株価が上昇し始めましたが、これは国際金融マフィアが日本を舞台に利益をあげるため、「いつか引き上げるための外国資金」が一時的に入っただけです。第一章で見た原油価格の暴騰と同じ性格の、外国製バブルです。この章の初めに示した「ウォール街に流れた日本国民の大金」を借りて、東京証券取引所に一時的に戻っただけです。それが証拠に、二〇〇三年の外国人投資家の東証買い越し額は、八兆円を超える巨大なものでした。これをもっ

東京証券取引所の時価総額は…

て経済成長と呼ぶのが奇怪なほど、日本全土の都市が疲弊した時代です。これを、空前の景気と呼んできた日本政府とエコノミストの神経は、どれほど正常さを持っているのでしょうか。

その二〇〇三年から現在までの、東証の時価総額の変化をグラフにすると、もっとおそろしくなります。外国製バブルによって、二〇〇七年二月二十六日に記録されたピーク五八一兆円が、リーマン・ショック後の二〇〇八年十月二十七日には二三九兆円に減って、三四〇兆円以上が吹き飛びました。この大金の多くは、外国人に持ち逃げされたのです。ソロスが言った通り、経

東京証券取引所における
外国人投資家の売買額

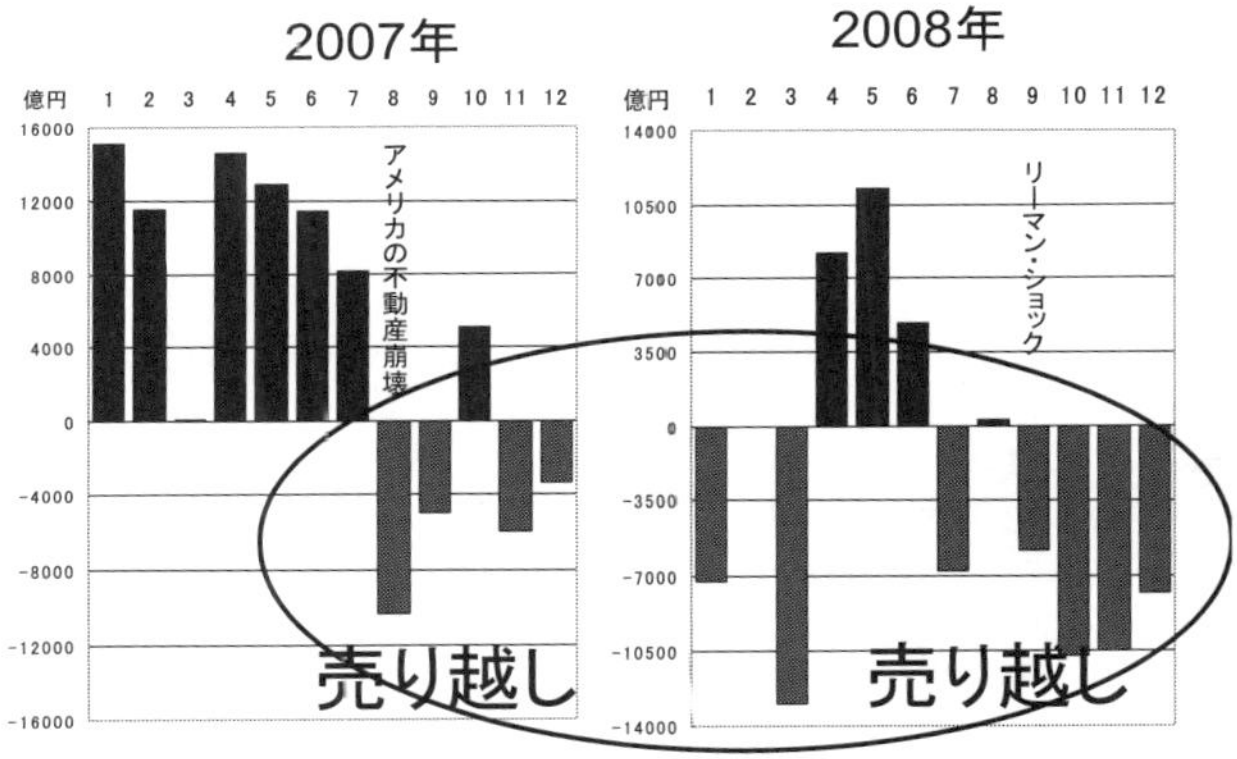

済成長はゆっくり始まって次第に加速度をつけて上がってゆくが、暴落は瞬時に起こるのです。この大金が「外国人」に持ち逃げされたことは、東証における外国人投資家の売買額のグラフに、きちんと出ています。二〇〇七年夏のアメリカにおけるサブプライム・ローン崩壊の時期と、二〇〇八年九月のリーマン・ブラザーズ破綻前後の時期が、そのまま「外国人の売り越し」スタートとして露骨に出ています。

　日本の株価は、すべて外国人投資家の思いのままに動かされ、株価暴落のたびに、莫大な日本人の金が国際金融マフィアとウォール街に盗まれてきました。これから本当に危ないのは郵便貯金です。

日本では勘違いされていますが、郵政民営化は、日本人がおこなったことではないのです。ウォール街をバックにしたアメリカ政府が日本政府に対して強く要求して実施されたものだからです。"日本に眠っている郵貯"という巨大な金融資産を市場に吐き出させ、アメリカのウォール街が自在に使えるようにするため、思慮のない小泉内閣をたぶらかしておこなわれた民営化政策であることは、アメリカでは初めから常識でした。

私は二〇〇四年九月に出した『日本のゆくえアジアのゆくえ』(日本実業出版社)で、「郵政民営化を狙う国際金融マフィアを警戒せよ」の項に、こう書きました。

「こわいのは、郵便貯金の市場放出を狙っている外国人投資家である。それをそっくりいただくまで、彼らが忍耐強く日本政府をなだめすかしている動きに、今こそ国民は最大の注意を払う必要がある。外国人投資家は、何度も言うように、日本から金を盗み出し、それを持ち帰って、自分の顧客に利回りを保証することがビジネスなのである」と。「日本人は、内輪で喧嘩をしている場合ではない」と。

しかしその翌年から、日本人は郵政民営化になだれこみました。こうして二〇〇七年十月一日に発足した日本郵政グループは、三社を傘下に持っています。発足時に、全国二万四〇〇〇の郵便局を運営する「日本郵便」と、資産二二二兆円の郵便貯金を運営する「ゆうちょ銀行」と、資産一一二兆円の保険・簡易保険を運営する「かんぽ生命」でした。金融自由化のなかで、この合計三三四兆円の資産を狙ったのが、ウォール街でした。これはちょうど、東証から吹き飛んだ時価総額と同じ規模の金額です。いま喉《のど》から手が出るほどアメリカ財務省が欲しがっている規模の金額でもあります。

日本郵政グループの資産運用は、現在は主に日本国債などで運用され、そこに問題はあるにしても、国内での投資です。それに、日本郵政グループは、日本政府の一〇〇%出資会社です。一応、安心できます。

ところが現在の郵政民営化計画では、二〇一〇年までに「ゆうちょ銀行」と「かんぽ生命」の株式が上場される日が、目の前に迫ってきています。さらに二〇一七年までに、この両社の株式が完全売却される計画なのです。大変なことが起こります。

この上場株の買い手には、当然のことながら、外国人投資家が押しかけます。

日本の株式市場において外国人投資家が保有する株式の比率は、すでに二〇〇六年に三〇％近くまで達しているほどです。売買額より、この保有率のほうがこわい数字です。二〇〇七年度末（つまりサブプライム・ローン崩壊が顕著になった二〇〇八年三月末まで）には、外国人投資家が売り越し続きのため、保有額は大きく減りました。

しかし、もはや外国人投資家にはそれほど資金がないということではありません。保有率はわずかしか下がっていませんし、彼らは現在、潜伏しているだけです。これらの金融泥棒は日本が不景気の時にはおこなわれないのです。日本の景気が非常によい時を狙って、日本人の投資資金が市場にあふれ出したチャンスに、ごっそり持って行くという作業を見事に遂行するのが、これまでの国際金融マフィアの行動原則です。これは日本ばかりでなく、アジア各国や新興国ＢＲＩＣｓでも、まったく同じ手口でやられてきました。

麻生首相は、「この大不況で株価が落ちている時期に郵政の株を上場するなんてことはできない」と言いましたが、そういう低レベルの問題ではないのです。逆に、日本の株価が上向いた時こそ、最も危ない時期です。

郵政グループの株を握った外国人投資家のハゲタカは、傲慢な投資家としての発言権をもって、経営に口を挟みます。「全国にある効率の悪い郵便局の削減」を強く求めますから、地方でどんどん減少に向かう過疎地の郵便局がますます消えさせられる運命にあります。さらに、アメリカ経済立て直しのための最大の処方箋《せん》である運用投資先として、日本国債から米国債への切り換えが求められれば、最悪の事態を招きます。

このようにして、日本人の庶民の金「郵貯」が、ホワイトハウスやウォール街などに投資されれば、これは、振り込め詐欺とどこが違うのでしょうか。第二章に書いたように、アメリカ財務省が、ゴールドマン・サックスやモルガン・スタンレー幹部の巣窟であった事実を思い出してください。アメリカ合衆国の正式な印章として用いられる国璽《こくじ》に描かれているのは、鷲《わし》です。大統領も上院も下院もペンタゴンも、みな紋章が鷲です。鷲つまりハゲタカです。ワシントンやニューヨークのATMで現金を引き出すハゲタカに盗まれる前に、郵政民営化は、一刻も早く白紙に戻す必要があります。郵政民営化が、ウォール街の手の中で踊らされてきた「振り込め詐欺」の大がかりなものであることに、日本人は早く気づかなければなりません。

解決策はどこにあるか

最後にひと言、ここまでに述べたメカニズムを言い当てた、すぐれた過去の名言を紹介したいと思います。

今を去ること半世紀、一九五五年四月十八〜二十四日、アジア・アフリカ会議が、インドネシアのジャワ島バンドンで開催されました。バンドン会議と呼ばれるこの歴史的な会合は、インドネシアのスカルノ大統領の呼びかけに応えて、中国の周恩来《しゅうおんらい》、インドのネール首相、エジプトのナセル首相、ベトナム指導者のホー・チミンたち、アジア・アフリカ二九の発展途上国が集まって、結束を誓いました。貧しかった日本もそこに参加しました。これがもとになって、一九六一年には、アメリカにもソ連にも与《くみ》しない「非同盟諸国」が結成されました。バンドン会議で、主催国のスカルノ大統領が開会演説をおこない、次のように語ったのです。

「植民地主義は死んでいない。アジアとアフリカの広大な面積で自由が奪われているというのに、どうして植民地がなくなったなどと言えるのか」

「植民地主義を、インドネシアやアジア・アフリカで味わってきた昔のようなものと考えてはいけない。植民地主義は今や、近代的な衣装をまとっている。それは経済的な支配だ。知的な支配だ。国家の内部にいるごく少数の異邦人が事実上、物理的な支配をしているのだ。それは巧妙にして明白な敵であり、さまざまな姿をとって現われる。彼らがそう簡単に利権を捨てることはない」

半世紀前に語られたスカルノの言葉は、リーマン・ショックに襲われた地球と人類の経済原理を早くから予言し、鋭く警告した、哲学的な名言です。この言葉の真意を理解できるかどうかに、人類の未来がかかっているのです。

現在は、全世界にまともな政治家が一人もいないために、どこの国もグローバリゼーションの波に乗り遅れまいと、無知が無知を加速しています。しかしこのままでは、地球の暴走は、おそろしい最後のカタストロフィーに突入するでしょう。その被害に遭うのは、タイタニック号の三等船客である私たちです。そしてその母親の胸に抱かれた、いとけない赤児たちです。せめてその子供たちを助けるために、私たちは、どうあっても腐敗に立ち向かってゆかなければならないのです。

おわりに

お読みになった通り、アメリカ人の無節操な大量消費に頼って自国の経済を運営してきた世界各国の産業界も、いまや崩壊国家アメリカそのものに重大な疑念を抱くようになってきました。それは、金融腐敗だけではありません。一方的にイラクを攻撃した軍事的な支配がそうです。遺伝子組み換え特許による農作物の支配がそうです。Googleブック検索によって「著者に無断で」書籍をネット上で閲覧できるサービスを広めるなど、すでに許しがたい世界経済支配を目論む狡猾《こうかつ》な領域にまで入り込んでいます。

公正な取引きだ、自由主義だと巧みな言辞を弄《ろう》して、このように傲慢なグローバリズムをもって、世界中の平穏な生活を乱す国家が、かつてあったでしょうか。この現状を放任するならば、アメリカ人は何でも自分の好きなようにできると思いこみ、ますます増長するばかりです。それは私たち日本人にとって、間違いなく破滅を意味します。

そのような大国ならば、この世から消えてもらう必要があります。それには日本が、アメリカに対する金融支援を一切しない態度を敢然と貫くことです。

二〇〇九年三月二十三日

広瀬　隆

参考文献

広瀬隆『赤い楯　ロスチャイルドの謎』上下巻　集英社　一九九一年十一月発刊　一九九六年より集英社文庫　全四巻
広瀬隆『アメリカの経済支配者たち』集英社新書　一九九九年十二月発刊
広瀬隆『日本のゆくえアジアのゆくえ』日本実業出版社　二〇〇四年九月発刊
広瀬隆『世界金融戦争　謀略うずまくウォール街』上下巻　ＮＨＫ出版　二〇〇八年九月普及版
広瀬隆『世界石油戦争　燃えあがる石油のパイプライン』上下巻　ＮＨＫ出版　二〇〇八年九月普及版

広瀬 隆（ひろせ たかし）

一九四三年東京生まれ。作家。早稲田大学卒業。近年、アメリカ合衆国の権力構造を政財界の人脈調査から精力的に分析・研究。『アメリカの経済支配者たち』『アメリカの巨大軍需産業』『アメリカの保守本流』（以上集英社新書）、『赤い楯』（集英社文庫）、『世界金融戦争』『世界石油戦争』（以上ＮＨＫ出版）、『パンドラの箱の悪魔』（文春文庫）、『一本の鎖』（ダイヤモンド社）など著書多数。

資《し》本《ほん》主《しゅ》義《ぎ》崩《ほう》壊《かい》の首《しゅ》謀《ぼう》者《しゃ》たち

集英社新書〇四八九Ａ

二〇〇九年四月二二日 第一刷発行
二〇〇九年七月一一日 第四刷発行

著者……広瀬《ひろせ》 隆《たかし》
発行者……大谷和之
発行所……株式会社集英社
東京都千代田区一ツ橋二-五-一〇 郵便番号一〇一-八〇五〇
電話 〇三-三二三〇-六三九一（編集部）
〇三-三二三〇-六三九三（販売部）
〇三-三二三〇-六〇八〇（読者係）

装幀……原 研哉
印刷所……大日本印刷株式会社 凸版印刷株式会社
製本所……加藤製本株式会社

定価はカバーに表示してあります。

ISBN 978-4-08-720489-6 C0233

Printed in Japan

a pilot of wisdom

a pilot of wisdom

集英社新書　好評既刊

オバマ・ショック
越智道雄／町山智浩　0477-A

斬新な視点と広い目配りで、米国研究者と米国在住人気コラムニストが語り合う異色の「オバマ」論。

幻のB級！大都映画がゆく
本庄慧一郎　0478-F

戦前・戦中に大衆娯楽路線で庶民を熱狂させた大都映画。ほとんどのフィルムが散逸した幻の映画の真実に迫る。

新聞・TVが消える日
猪熊建夫　0479-B

ウェブの大波に翻弄される新聞・TVなどの既存メディア。インターネットとの融合・共存の可能性をさぐる。

死んだ金魚をトイレに流すな
近藤　卓　0480-E

いのちの大切さを子どもに伝えるにはどうしたらよいか。筆者独自の「いのちの教育」を具体的に紹介する。

銃に恋して　武装するアメリカ社会
半沢隆実　0481-B

なぜアメリカでは銃の規制が不可能なのか。アメリカ人のメンタリティーの深層に迫ったルポルタージュ。

「三国志」漢詩紀行
八木章好　0482-D

人気の高い「三国志」を題材とした漢詩の名作を鑑賞する。漢詩の基礎知識や三国志の関連資料もあわせて収録。

ニッポンの恐竜
笹沢教一　0483-G

イナイリュウ、モシリュウなど日本で発掘された恐竜や海竜の化石が辿った数奇な運命に迫る国産恐竜発掘史。

現代アート、超入門！
藤田令伊　0484-F

「よくわからない」現代アートのさまざまな作品を取り上げ、新しい付き合い方や鑑賞法を探る。

英詩訳・百人一首　香り立つやまとごころ
マックミラン・ピーター　佐々田雅子訳　0485-F

和歌に重層的に折り込まれた〝やまとごころ〟を平易な英語で表現した『小倉百人一首』翻訳の決定版。

化粧する脳
茂木健一郎　0486-G

鏡に映る自分を見つめ化粧をするとき、人は他者の目で自己を見ている!?　現代人必読の衝撃の論考。